Geld & Wäsche

Thomas Benesch/Karina Neumeister

Geld & Wäsche

Über die Entwicklung des Geldes
und wie es mit Internet
„rein gewaschen" werden kann

PETER LANG
Frankfurt am Main · Berlin · Bern · Bruxelles · New York · Oxford · Wien

Bibliografische Information Der Deutschen Bibliothek
Die Deutsche Bibliothek verzeichnet diese Publikation in der
Deutschen Nationalbibliografie; detaillierte bibliografische
Daten sind im Internet über <http://dnb.ddb.de> abrufbar.

ISBN 3-631-54514-2
© Peter Lang GmbH
Europäischer Verlag der Wissenschaften
Frankfurt am Main 2006
Alle Rechte vorbehalten.

Das Werk einschließlich aller seiner Teile ist urheberrechtlich
geschützt. Jede Verwertung außerhalb der engen Grenzen des
Urheberrechtsgesetzes ist ohne Zustimmung des Verlages
unzulässig und strafbar. Das gilt insbesondere für
Vervielfältigungen, Übersetzungen, Mikroverfilmungen und die
Einspeicherung und Verarbeitung in elektronischen Systemen.

www.peterlang.de

Vorwort

Als im Jahr 2004 mein erstes Buch zum Thema „Corporate Identity Online" (gemeinsam mit Manuel Sperl) auf dem Markt erschienen ist, hätte ich nie gedacht, dass diesem Werk noch viele weitere Bücher folgen würden. Mit Freude hat sich im darauf folgenden Jahr im Fach Finanzwirtschaft das Lehrbuch „Basiswissen aus Investition und Finanzierung" (gemeinsam mit Karin Schuch - erschienen im Linde Verlag), und darüber hinaus das Fachbuch „Internationale Börsen im Vergleich" (gemeinsam mit Christina Prüggler; NWV-Verlag) gereiht. Und nun halten Sie mein neuestes Werk, ein Sachbuch über das Thema „Geldwäsche", in Ihren geschätzten Händen.

Es war ein langer Weg von der Idee bis zur Umsetzung - und daher möchte ich mich besonders beim Peter Lang Verlag für die gute Zusammenarbeit bedanken, der viele anfängliche Bedenken ausräumte. Ich hoffe, dass auch dieses Buch wieder einen grossen Leserkreis ansprechen wird. Obwohl auf umfassendes Literaturmaterial für die Erarbeitung zurückgegriffen wurde, ist auf den Zitatenvermerk innerhalb des Textes verzichtet worden um den Lesefluss zu erleichtern. Dies öffnet andererseits das Spektrum für eine weitere Lesergemeinschaft, denn allen, die – wie ich selbst – versessen auf wissenschaftliche Bücher sind, bietet das umfangreiche Literaturverzeichnis anregende Ansatzpunkte für weiteren Tiefgang.

Aufgrund des Aufbaus richtet sich das Buch unter anderem an die folgenden drei potentiellen Ansprechgruppen:

1. Interessenten und Praktiker die sich mit der Thematik Geldwäsche und / oder Finanzwirtschaft beschäftigen
2. alle im Bank- und Finanzwesen tätigen, die sich fundiertes Wissen der Möglichkeiten zur Geldwäsche aneignen wollen
3. Studierende / Professoren aus dem Bereichen Finanzwirtschaft und Recht

Ich bedanke mich sehr herzlich für die Hilfe zur Fertigstellung des Buches bei Frau Karin Schuch – ohne ihre Unterstützung wäre eine Umsetzung unmöglich gewesen. Weiters bedanke ich mich bei allen Personen die mir wertvolles Feedback zu den bereits erschienenen Büchern gegeben haben.

Um die Qualität des vorliegenden Buches weiter erhöhen zu können ist konstruktive Kritik unverzichtbar – auf dieses freue ich mich und bitte Sie, mir etwaige Unklarheiten oder eventuell nicht eindeutige Formulierungen direkt unter Thom@s-Benesch.com mitzuteilen.

Wien und Bad Gleichenberg, im Jänner 2006   Thomas Benesch

Inhaltsverzeichnis

Vorwort 5

Einleitung 9

Historische Entwicklung des Geldes 11

Entwicklung der Geldwäsche 25

    Internationale Vereinbarungen 26

    Rechtliche Entwicklungen 28

        Erste Geldwäscherichtlinie 29

        Zweite Geldwäscherichtlinie 30

        Dritte Geldwäscherichtlinie 30

Geldwäsche 33

    Phasen der Geldwäsche 34

    Formen 38

        Formen der Platzierung 39

        Formen der Umschichtung 41

        Formen der Integration 43

    Probleme mit Offshore-Ländern 44

Auswirkungen auf das Finanzsystem 49

Parallelen zur Internetentwicklung 59

Bekämpfung und Massnahmen 63

Zusammenfassung 73

Glossar 77

Literaturverzeichnis 83

Einleitung

Für Geldwäscher waren in jeder geschichtlichen Entwicklungsphase des Geldes zahlreiche Möglichkeiten sowohl auf nationalen als auch internationalen Märkten gegeben. Die Handhabung mit Münz- und Papiergeld war und ist zwar umständlich und schwierig, doch weist das physische Geld den sehr interessanten Vorteil der Anonymität für die Geldwäscher auf. Die Wege des Bargeldes sind schwer bis gar nicht nachvollziehbar und wurden zumeist mittels Schmuggel über Landesgrenzen vollzogen. Heute werden den Geldwäschern aufgrund neuer elektronischer Kommunikationsmedien noch attraktivere und schnellere Chancen geboten ihr Handwerk auszuüben und die Herkunft der inkriminierten Gelder zu verschleiern. Die Praktiken und Verfahren werden ständig an die Entwicklungen der Finanzmärkte angepasst und sind damit unweigerlich einem permanenten Wandel unterworfen – dieser Umstand erschwert andererseits natürlich die Strafverfolgung erheblich.

Die Bekämpfung der Geldwäsche ist ausschliesslich auf internationaler Ebene sinnvoll, denn die kriminelle Handlung an sich ist global. Der weltweite Geldtransfer der Geldwäscher wird durch die Offshore-Zentren erleichtert: diese wahren ein strenges Bankgeheimnis, unterliegen kaum einer staatlichen Bankenaufsicht und sind zu Missbrauchzwecken von Unternehmen die Geldwäsche betreiben, bestens geeignet. Weiters können sich viele Berufsgruppen, die an die Einhaltung von Berufsgeheimnissen gebunden sind, als potentiell gefährdet betrachten, zu Geldwäscheaktivitäten benützt zu werden. Eine vollkommen aktuelle Möglichkeit zur Bekämpfung der Geldwäsche stellt die Gewinnabschöpfung dar. Das Ausmass der Effektivität kann zwar noch nicht festgestellt werden, weil die Dimension der Abschwächung der organisierten Kriminalität durch die Gewinnabschöpfung zum gegenwärtigen Zeitpunkt nicht bekannt ist. Zu Berücksichtigen ist in jedem Fall die Möglichkeit, dass wenn schon, dann nur ein kleiner Teil der hohen Gewinne abgeschöpft wird.

Historische Entwicklung des Geldes

Um die Thematik Geldwäsche von ihrem Ursprung aus betrachten zu können, soll am Beginn die geschichtliche Entwicklung des Geldes an sich stehen. Begründet durch die Arbeitsteilung in den frühen hochentwickelten Kulturen war der Austausch von Leistungen obligat und so entstand sehr schnell die Problematik eines gleichwertigen Tauschhandels mit der Forderung nach einem geeigneten Medium. Um die Schwierigkeit des äquivalenten Tausches zu lösen, entwickelte der Mensch im Lauf der Evolution das Geld. Der Weg dorthin wird nun beschrieben – er beginnt bei Muscheln, führt weiter zu Münzen, Papiergeld bis zur heutigen elektronischen Transfermöglichkeit des Tauschmittels „Geld".

Die Methode des Tausches ist kompliziert und willkürlich, also wurde ein Objekt begehrt, das als dritte Ware fungiert und das Tauschmedium darstellt. Die Schwierigkeit war, eine Ware zu finden die selten genug war um als begehrenswert zu erscheinen und aber gleichzeitig in ausreichendem Masse zur Verfügung stand. Das Gewicht sollte eine wesentliche Rolle spielen und die Ware musste lang haltbar und handlich sein. Natürlich war es nicht einfach, all diese Eigenschaften zu vereinen und so fanden mehrere Zahlungsmittel nebeneinander Verwendung. Insbesondere wenn zivilisierte Gesellschaften mit Völkern Handelsbeziehungen aufnahmen, die kein Geld im herkömmlichen Sinne kannten erfolgte der Handel aus dem Darbringen von Geschenken und der Entgegennahme von Gegengeschenken; das Problem des äquivalenten Tausches fand zumeist (wenn überhaupt) nur theoretisch Beachtung. Durch die Ausbreitung und Weiterentwicklung des Tauschhandels wurde es dennoch nötig, ein universal akzeptiertes und wertvolles Medium zu finden, das den Prozess des Tauschhandels vereinfachen sollte. Den Ausgangspunkt bildete die Verwendung von Vieh, Muscheln, Häuten, Metallen aller Art und sogar Sklaven. Das populärste Zahlungsmittel waren gewiss die Muscheln; sie besitzen beinahe alle Qualitäten über die ein Zahlungsmittel verfügen sollte: genug Stabilität um weitergereicht zu werden, die Grösse und das Gewicht ist passend um ohne Schwierigkeiten transportiert werden zu können; sie sind in der Menge vorhanden damit der Bedarf an Zahlungsmitteln gedeckt wird und doch gleichzeitig so weit selten, um damit ihren Wert zu erhalten. So fanden Muscheln weltweit Beliebtheit als Zahlungsmittel, insbesondere die Kaurimuschel (siehe Abbildung 1).

Abbildung 1: Kaurimuschel
Quelle: http://www.schulbank.de

Es ist dies eine weisse oder hellgelbe Muschel von porzellanartiger Beschaffenheit und circa ein bis drei Zentimeter Länge. Sie blieb über Jahrhunderte, bis zu Beginn des 20. Jahrhunderts ein religiöses Kultobjekt und beinahe universelles Zahlungsmittel für viele Völker.

Schliesslich machte das Münzgeld der Muschel Konkurrenz und verdrängte sie weitgehend. Besondere Bedeutung galt den Metallen indem aus ihnen in die ersten geprägten Münzen gefertigt wurden, deren Verwendung sich weiterer Folge auf der ganzen Welt ausbreitete. Schwierigkeiten ergaben sich zunächst aus dem unterschiedlichen Wertverhältnis zwischen Silber und Gold. Diese Schwankungen traten schon zu Beginn der Münzprägung in Lydien auf, da die Münzen aus so genannten „Elektron" (einer Legierung aus Gold und Silber) geprägt wurden, und die Metalle in eben diesem Elektron variieren konnten. Im Anschluss soll die Entwicklung der Münze in den unterschiedlichen Ländern und Zeiten im Detail aufgezeigt werden.

Das Metallgeld wurde meistens durch Zerschneiden einer runden (seltener durch eckige oder kantige) Metallstange gewonnen Formen. Die Geschichte der Münze begann im Altertum, davor musste bei jedem Kauf die entsprechende Menge Silber (beziehungsweise Gold) abgewogen werden. Diese Vorgehenswiese war zum einen kompliziert und andererseits nicht sehr verlässlich, und so wurde im 7. Jahrhundert vor Christus (v. Chr.) in Griechenland bereits mit der Münzprägung begonnen welche sich über den gesamten Mittelmeerraum ausbreitete. Im Laufe der Zeit wurde Stil und äussere Form der Münzen verändert: sie wurden gleichförmiger, runder und entwickelten sich zu regelrechten Kunstwerken der betroffenen Epoche. Die Abbildung 2 zeigt die gängigste Silbermünze (Tetadrachme / Vierfachdrachme) um die Mitte des 5. Jahrhunderts v. Chr.:

Abbildung 2: Alexander der Grosse, Tetadrachme, ca. 330 v.Chr.
Quelle: http://www.uni-leipzig.de

Der Denar (Abbildung 3) wurde etwa 187 v. Chr. zur Grundlage der römischen Silberwährung. Erst mit Cäsar traten im Römischen Imperium Goldmünzen in stärkerer Verbreitung auf und aus Silber wurde das Kleingeld geprägt.

Abbildung 3: Denar
Quelle: http://www.laurentianum.de

Im gleichen Jahr kam die Sesterze aus Silber auf, deren Wert einem Viertel des Denars entsprach. Ihr Wert verfiel zusehends – sie wurde schliesslich in Bronze und später unter Augustus aus Messing erzeugt. Im 3. Jahrhundert unserer Zeitrechnung hatten die Sesterze zuletzt jeden Wert verloren.

Verursacht durch die Schwankungen im Wertverhältnis zwischen Silber und Gold konnte erst im spätrömischen Reich ein festes monetäres Wertverhältnis hergestellt werden. In weiterer Folge verschwand manchmal das Silber, manchmal das Gold aus dem Zahlungsverkehr. Den alltäglichen Metallen wurde keine konsistente Rolle als Zahlungsmittel zugeschrieben. In den Germanenreichen wurde ebenfalls in Gold geprägt, bevorzugt waren Münzen im Drittelwert eines Solidus, denen immer mehr Legierungen hinzugefügt wurde. Unter Kaiser Konstantin enthielt der Drittel-Solidus noch 1,51 g Gold, bis zu Karl dem Grossen sank der Wert auf 0,39 g Gold ab. Mit der Abnahme der Goldgewinnung wurde auch die Prägung von Goldmünzen eingestellt und eine Silberwährung eingeführt. Die Unterteilung von einem Pfund Silber in 20 Schillinge und 240 Pfennige verbreitete sich über ganz Westeuropa. Silber wurde zum finanziellen Grundlage im ganzen Mittelalter und der Neuzeit, während Goldmünzen nur mehr in geringem Ausmass hergestellt wurden.

Durch die Verwendung von Münzen wurde der Handel zweifelsohne erheblich erleichtert. Der Übergang zum Papiergeld entstand, indem sich aus grossen Kaufleuten Bankiers entwickelten. Zu Beginn wurden Quittungen eines Bankiers über das bei ihm hinterlegte Münzgeld verwendet. Die Chinesen haben nicht nur das Papier erfunden, sondern waren die ersten, die eine Art des Papiergeldes verwendeten. Eine ungewöhnliche Art des Papiergeldes wurde im 17. Jahrhundert in Neu-Frankreich verwendet: aus den vielfach vorhandenen Spielkarten wurde Geld hergestellt – und darauf folgten die „billets de monnaie", die zu Beginn des 18. Jahrhunderts in Frankreich angewendet wurden. Sie wurden später durch die Assignaten von John Law ersetzt. Einige andere Staaten beziehungsweise Banken gaben Papiergeld aus, beispielsweise die Bank von Amsterdam den Bankgulden, die Bank von Hamburg die Banco-Mark, Amerika „bills of credit" und Österreich die Bancozettel. Nachdem deren übermässige Ausgabe in nahezu allen Regionen ihre Konsequenzen hatte, wurde beschlossen, zur Münzwährung zurück zu kehren, bis in Bretton Woods eine einheitliche Regel für ein Papiergeld geschaffen wurde. In Augsburg und in anderen Städten und Gegenden entwickelten sich aus den reichsten der Kaufleute beim Niedergang von Handel und Gewerbe Bankiers, diese Entwicklung wurde ebenfalls im Süden beobachtet. Im Auftrag des Papstes hat sich das Haus der Medici mit der Einziehung, Verwaltung und produktiven Anlage der fliessenden Abgaben befasst. Es folgte die Entwicklung eines Geldverkehrs, der vom Süden her das ganze übrige Europa umfasste.

Die Bankiers waren für die Evolution des Geldes sehr relevant. Ihre frühen Funktionen begannen mit dem professionellen Aufbewahren von Metallgeld für andere, Papiergeld stellte zu Beginn lediglich eine Quittung eines Bankiers über das bei ihm hinterlegte und von ihm verwahrte Metallgeld dar. Erst später wurde immaterielles Geld von den Bankiers geschaffen; die Entwicklung zum Papiergeld war von Anfang an untrennbar mit den Bankiers und dem Bankwesen verbunden. Die Banken gaben unverzinsliche Inhaberpapiere aus – diese dokumentierten die Verpflichtungen der ausstellenden Bank - und gegen Vorlage des Papiers konnte jederzeit gefordert werden, die darauf vermerkte Summe in Bargeld ausbezahlt zu bekommen. Diese Form ist das Papiergeld der ersten Stufe. Erst später wurden Noten ohne Depot ausgegeben, also mehr Noten als die Banken überhaupt an Hartgeld hatten. Weitere Merkmale des Papiergeldes waren und sind die Unverzinslichkeit und die leichte Transportmöglichkeit durch das geringe Gewicht, damit eroberte es die Position konnte sich allmählich über das Metallgeld behaupten. Die Papiergeldwirtschaft nahm trotz geschichtlicher Rückschläge ihren Lauf bis zum endgültigen Siegeszug über die Metallgeldwirtschaft.

Die Vorteile des Papiers waren auch den Banken seit geraumer Zeit bekannt. So wurden in Venedig Hinterlegungsscheine ausgegeben, welche in Amsterdam, Hamburg und Rotterdam in auf den Inhaber lautende Wechsel verwandelt werden konnten. Dafür bestand im Gegenzug kein Annahmezwang - den entscheidenden Schritt dazu setzte Stockholm. Als die Edelmetallreserven erschöpft waren, wurden von der königlichen Bank Staatsbanknoten herausgegeben. Sie wurden trotzdem sie nicht vollständig durch Edelmetalle gedeckt waren zum gesetzlichen Zahlungsmittel erklärt. Als erste emittierte die Bank von England Noten als Orderpapiere mit 3 % Zinsen. Mit der Zeit verschwand die Zinsklausel und das Pfund zirkulierte als Inhaberpapier ohne Annahmezwang, das in Metall umkehrbar war. 1695 wurde ein Zwangskurs festgesetzt, weil zu viele Noten von der Bank emittiert wurden. Amsterdam gelang es Papierscheine als Zahlungsmittel zu etablieren, die dem Gold Konkurrenz machten: die Bank von Amsterdam schuf den Bankgulden (florin banco), der anders als der Gulden keinen Wertschwankungen unterworfen war. Er stellte nämlich eine Rechnungseinheit mit fixem Wert dar und damit kam den Banknoten der Bank von Amsterdam ein praktisch höherer Wert als dem Gold zu. Die Banco-Mark, die von der Bank von Hamburg ausgegeben wurde, unterlag nicht dem Risiko der Devaluation und war dadurch sehr gefragt. Sie war gegen eine fixe Metallgewichtseinheit einlösbar. In Amerika gab der Staat Massachusetts bereits 1690 die so genannte bills of credit heraus. Weitere Staaten folgten bald: Rhode Island, Connecticut, New York, New Jersey, South Carolina und Pennsylvania. Die Annahme, dass eine Vermehrung des Papiergeldes eine Vergrösserung des Nationalwohlstandes bedeute, führte zu immer weiteren Papiergeldausgaben und in Folge zu einer starken Entwertung. 1773 folgte die Ausserkurssetzung. Die Kosten des Freiheitskrieges sollten 1775 durch die Ausgabe von Kontinentalnoten (oder revolutionary bills) gedeckt werden, schon 1781 wurden keine weiteren Noten mehr ausgegeben und die sich im Umlauf befindlichen nicht mehr eingelöst. Robert Harley platzierte in England Aktien der „Sydseekompanie" und zahlte die Dividenden in den Noten der Bank von England aus. Die Aktien schnellten von 100 auf 2.000 Pfund Sterling hoch, und da die Gesellschaft nicht in der Lage war eine Dividende auszuschütten die der Höhe des Aktienkurses entsprach, begannen die Aktieninhaber zu verkaufen. Die Bank von England wurde vom Bankrott der Südseekompanie nicht in Mitleidenschaft gezogen; der Pfund Sterling blieb weiterhin in Umlauf. Im Jahre 1751 wurde vom britischen Parlament jegliche Papiergeldemission verboten - die erste Krise 1793 blieb in England ohne Folgen, die zweite Krise entwickelte sich 1797 als das Papiergeldvolumen gefährlich anwuchs. Die Bank von England musste den Umtausch von Papier- in Metallgeld einstellen. Der festgesetzte Zwangskurs für eine Dauer von 52 Tagen wurde zweimal verlängert; der Hartgeldbestand belief sich auf 8 Millionen Pfund und die Summe des emittierten Papiergeldes auf über 28 Millionen Der Wertverlust betrug 1801 nur 8% und setzte sich bis 1813 fort - zu diesem Zeitpunkt lag dieser bereits bei 29%. Die militärischen Erfolge Englands führten zu einer Aufwertung der britischen Währung, die schliesslich wieder ihre frühere Gleichstellung erreichte. Im 18. Jahrhundert versuchten die Staaten durch Ausgabe von Papiergeld die eigenen Finanzen aufzubessern, so wurden beispielsweise in Russland unter Katharina der Grossen ab 1768 regelmässig Banknoten durch die Assignationsbank ausgegeben, und in Italien brachten die Emissionsbanken ein eigenes Papiergeld heraus.

Abbildung 4: Österreich, 50 Gulden, 1762
Quelle: Albert Pick (1959) S. 36

In Österreich wurde 1762 Papiergeld in Höhe von 12 Millionen Gulden ausgegeben; die Bancozettel (Abbildung 4) hatten jedoch keinen festen Kurs. Um die durch den Krieg entstandenen Schulden zu decken, wurde eine immer grössere Menge an Bancozetteln emittiert und dadurch verringerte sich ihr Wert dramatisch. Zwischen 1801 und 1805 wurde der Notenumlauf etwas verringert: im Jahre 1804 wurde die „Österreichische Staatsdruckerei" gegründet und die privaten Papiergeldfabriken vom Staat übernommen. Im Jahr 1810 waren mehr als 1 Milliarde Gulden (Abbildung 5) in Umlauf – ein Neuordnen der Geldverhältnisse war notwendig um einen Staatsbankrott zu verhindern. Die Bancozettel wurden daraufhin im Verhältnis 5:1 gegen die 1811 emittierten „Einlösungsscheine" der neuen „Wiener Währung" eingewechselt. Am 1. Juni 1816 wurde eine unabhängige „Privilegirte Österreichische Nationalbank" gegründet; die Geldzirkulation wurde umgestellt und die „Wiener Währung" wurde in Metallmünzen im Verhältnis 250:100 gewechselt. In weiterer Folge wurde im Jahre 1848 ein neues Staatspapiergeld ausgegeben. Durch den Münzvertrag von 1857 wurde die „Österreichische Währung" gesetzlich eingeführt und der Gulden wurde in 100 (statt vorher 60) Kreuzer unterteilt. Mit 1. Jänner 1900 wurde die Krone als alleiniges gesetzliches Zahlungsmittel anerkannt. Eine Vermehrung der Kronen fand während des Ersten Weltkrieges von 3 Milliarden 1914 auf 42 Milliarden 1918 statt, nach der Auflösung der Monarchie kennzeichneten die Nachfolgestaaten ihre Kronennoten durch Abstempeln. Am 20. Dezember 1924 wurde die Schillingrechnung auf Basis von 100.000 Kronen = 1 Schilling zu 100 Groschen implementiert. Im März 1938 wurde Österreich durch die „Ostmark" ein Bestandteil des Deutschen Reiches; die Schillingnoten wurden in Reichs- und Rentenbankscheine umgetauscht und verloren mit 25. April 1938 ihre gesetzliche Zahlkraft. Der Schilling wurde jedoch am 21. Dezember 1945 erneut zum gesetzlichen Zahlungsmittel erklärt und von der Notenbank ausgegeben.

Abbildung 5: Österreich, 100 Gulden, 1806
Quelle: Pick (1959), S. 47

Im Juli 1944 einigten sich in Bretton Woods die Vertreter von 44 Staaten auf feste Wechselkurse. Der Internationale Währungsfonds wurde mit dem Zweck geschaffen, kurzfristige Zahlungsbilanzdefizite auszugleichen ohne dabei den Wert von Währungen zu verringern. Das Abkommen hatte zum Ziel, die uneingeschränkte Konvertibilität der Währungen zugunsten eines ungehinderten Waren- und Kapitalverkehrs wieder herzustellen. Die Wechselkurse orientierten sich am Dollar, der in Gold wandelbar war. Im Frühjahr 1973 stürzte das brüchige Übereinkommen allerdings zusammen, da dieser Tausch in Gold der mittlerweile beträchtlichen Dollarbestände nicht mehr durchgeführt werden konnte.

Am 13. März 1979 wurde das Europäische Währungssystem offiziell installiert. Zunächst war der Ecu (European Currency Unit) nur eine einfache Rechnungseinheit, deren Gebrauch sich ausschliesslich auf den Bereich der Gemeinschaft beschränkte. Er stellte zunächst lediglich eine Fortführung der Europäischen Rechnungseinheit (ERE) dar und wurde mit 1. Jänner 1999 durch den Euro im Verhältnis 1:1 ersetzt. Der Plan einer einheitlichen Währung in Europa wurde schlussendlich mit der Implementierung des Euro am 1. Jänner 2002 umgesetzt. Die Geschichte des Geldes wurde durch die übermässige Ausgabe von Papiergeld und den damit zusammenhängenden Folgen wesentlich beeinflusst. Die Konsequenz daraus war ein geregelter und kontrollierter Umgang mit Geld um schliesslich die anfänglichen Schwierigkeiten zu überwinden und in Europa den Übergang zu einer gemeinsamen Währung mit dem Jahreswechsel 2001/2002 zu schaffen.

Erstaunlich ist die frühzeitige Nutzung von Buchgeld, das schon unter dem König von Babylon, Hammurabi (1728 – 1686 v. Chr.), erstmalig in Erscheinung trat. Die Verwendung von Konten war in Europa - genauer gesagt in Italien - ab dem 12. Jahrhundert möglich, womit plötzlich die Möglichkeit zur Verrechnung von Verbindlichkeiten gegeben war. Die Entwicklung des Bankwesens beeinflusst insgesamt die Geschichte des Geldes, und die Entstehung des Buchgeldes im Besonderen: dieses entfaltete sich aus dem Transfer von Zahlungen durch die Bankiers. Zu Beginn wurden hier nur Barzahlungen von den Bankiers weitergeleitet, später entstanden Konten und die Entwicklung von Karten, die das Buchgeld in ihrer heutigen Form prägen.

Bereits in der Antike wurden schriftliche Aufzeichnungen verwendet die den Geldverkehr erleichterten. Der Anlass für die Entstehung des Girogeschäfts war die Divergenz an Metallgeld, die den Umgang erschwerte. Die Lombarden beispielsweise verwendeten ein Bankbuch mittels dem Kaufleute ihre Forderungen gegenseitig verrechnen konnten. Dies stellte den Beginn des bargeldlosen Zahlungsverkehrs dar! Experten im Erkennen der diversen einheimischen und fremden Münzen waren klarerweise die lokalen Geldwechsler. Ab dem ausgehenden 12. Jahrhundert nahmen sie in Italien Einlagen an, ausserdem konnten Privatleute oder Handelsgesellschaften bei ihnen ein „conto corrente" eröffnen. Von diesen war es möglich, Überweisungen entweder von Konto zu Konto, oder auf die Konten anderer Wechsler durchzuführen. Das von den Banken geschaffene Buchgeld hatte bis ins 19. Jahrhundert nur den Zweck der Verrechnung von Geldverbindlichkeiten – nicht aber zum Kaufen von Waren.

Im 19. Jahrhundert wurde das immaterielle Geld in nennenswerten Dimensionen zu Geld im ökonomischen Sinn. Diese Weiterentwicklung lässt die Zahlung in Bargeld stufenweise veraltern und so verliert diese zunehmend an Bedeutung. Münzen und Geldscheine dienen eher als eine Art Kleingeld, das nur noch zum Zahlen kleinerer Beträge verwendet wird. Mit der Entwicklung des Plastikgeldes (Bankomat- und Kreditkarte) wurde die Verbreitung des Buchgeldes gefördert, und Kreditkarten stellen mittlerweile eine „Währung" dar, die aus Plastik besteht und von einem grossen Kreis von Nutzern gerne gebraucht wird. Unter dem Begriff „elektronisches Geld" sind sowohl sämtliche Chipkarten- und Internetzahlungssysteme zu verstehen, als auch die Zahlungsverkehrsdienstleistungen der Banken (wie Electronic Banking beziehungsweise Homebanking). Beim „elektronischen Bargeld" wiederum handelt es sich um bargeldähnliche Attribute beim Vorgang des Bezahlens. Mehrere Gründe sprechen für die Einteilung des elektronischen Geldes als Sonderform des Buchgeldes, da es sich hier genau genommen um täglich fällige Verbindlichkeiten gleich wie bei Kundeneinlagen auf Girokonten handelt. Ohne Bankwesen wäre ein Buchgeld oder die Entwicklung von Banknoten in der heutigen Form undenkbar. Die nun gültige Form des Zahlungsverkehrs über das Giralgeld ist nicht mehr weg zu denken – und elektronisches Geld wird höchstwahrscheinlich in Zukunft noch weiter verbreitet werden.

Nachdem der Weg nun in das 21. Jahrhundert geführt hat kann zusammenfassend gesagt werden, dass Bargeld tendenziös immer mehr an Bedeutung verliert. Dafür nimmt das „elektronischem Geld" vermehrt Einfluss und stellt die derzeitige Entwicklungsstufe des Geldes dar. Die Verwendung von elektronischem Geld wird von den Banken zunehmend gefördert weil es für ihre Kunden eine wesentliche Erleichterung bei der Ausführung ihrer Bankgeschäfte zeigt. Doch nicht nur für die Kunden – auch den Geldwäschern wird einiger Handlungsspielraum für ihr Handwerk gegeben.

Meyer Lansky gilt als „Erfinder" der Geldwäsche[1]. Nach der Verurteilung von Al Capone wegen Steuerhinterziehung erkannte er die Notwendigkeit, die kriminell erwirtschafteten Gelder vor dem Zugriff der Strafverfolgungsbehörden zu schützen. Klarerweise wurden im Gegenzug ebenfalls sofort Schritte gesetzt um der Geldwäsche entgegenzusteuern. Die „Massnahmen gegen die Überweisung und Verwahrung von Gelder krimineller Herkunft" des Ministerkomitees des Europarates vom 27. Juni 1980 zeigen beispielsweise solche internationalen Vereinbarungen. Weitere Bestimmungen wurden in der Wiener Drogenkonvention vom 19. Dezember und der Grundsatzerklärung zur Verhütung des Missbrauchs des Bankensystems für die Geldwäsche (vom Basler Ausschuss) beschlossen. Mit der Gründung der FATF (Financial Action Task Force on Money Laundering) von den sieben grossen Industrienationen wurde die internationale Zusammenarbeit wesentlich erleichtert - diese Arbeitsgruppe entwirft Präventionen zu dieser Problematik, die als die „Vierzig Empfehlungen" bekannt sind. Auch die Europäische Union hat bereits zwei Richtlinien beschlossen, welche von den Mitgliedstaaten in nationales Recht umgesetzt worden sind. Die erste schliesst strafrechtliche und das Finanzsystem betreffende Massnahmen ein. Der Anwendungsbereich der Geldwäsche auf Erträge aus schweren Straftaten und der Geltungsbereich auf nichtfinanzielle Tätigkeiten / Berufe wird in der zweiten Verordnung zur Geldwäsche behandelt. Es ist bereits eine dritte Geldwäscherichtlinie in Form eines Vorschlages in Behandlung – diese soll eine Verpflichtung für die Mitgliedstaaten bringen, die Vierzig Empfehlungen der FATF in der neuesten Fassung umzusetzen.

Um die Abwicklung der Finanzgeschäfte über das Internet besser nachvollziehen zu können, ist als Verständnisgrundlage die Entstehung desselben von Interesse. Das Internet ist eine technische Infrastruktur und dient mittlerweile als Basis von zahlreichen Anwendungen. Es wurde in den 60er Jahren aus dem ARPANET entwickelt, und erzielte Fortschritte in der Computertechnik und Datenverarbeitung. Die wichtigsten Entwicklungen stellen die Paketvermittlungstechnik und das Time-Sharing-Verfahren dar, welche in der bestehenden Form den Geldwäschern Vorteile in der Ausübung ihres Metiers bieten. Das Ziel der Geldwäsche an sich ist die freie Verwendung illegal erzielter Einnahmen und es werden

---

[1] An dieser Stelle erscheint die Definition für den Begriff „Geldwäsche" äusserst passend: Geldwäsche stellt einen Prozess dar, mit dem die Existenz, die rechtswidrige Quelle oder die rechtswidrige Verwendung von Vermögen verborgen wird.

zahlreiche Varianten gefunden, das Geld vor Auffindung und staatlicher Abschöpfung zu schützen. Der Vorgang der Geldwäsche kann in drei Phasen eingeteilt werden, wobei die erste Phase die Platzierung (placement), die zweite die Verschleierung (layering) und die dritte die Integration darstellen. Dieser theoretische Ablauf muss nicht zwingend in der Reihenfolge in der Praxis erfolgen: es können Phasen sowohl übersprungen als auch wiederholt werden. Die erste Phase wandelt hohe Bargeldbeträge in ebenbürtige Werte um. Techniken wie „smurfing" oder „structuring" dienen dem Geldwäscher dazu, Geldbeträge in kleinen Summen in das Finanzsystem einzubringen. Die nächste Phase der Verschleierung dient zur Erschwerung: das Verfolgen der zahlreichen Transaktionen durch die Behörden soll mittels Unterbrechungen der Papierspuren (die während der Transaktionen getätigt werden) verhindert werden. Wenn die Geldbeträge die Integrationsphase abgeschlossen haben ist der Geldwäscheprozess erfolgreich getätigt worden – das vermeintlich legal erworbene Vermögen fliesst in den Wirtschaftsverkehr ein.

In den verschiedenen Phasen ist der Handlungsspielraum der Geldwäscher diversen Rahmenbedingungen unterworfen und erzwingt daher einen permanenten Wandel. In der Platzierungsphase ist es besonders wichtig, den bestehenden Identifikations-, Dokumentations- und Meldepflichten auszuweichen, um die Beträge unentdeckt in das Finanzsystem einbringen zu können. Die Geldwäscher nutzen in diesem Bezug die Banken aufgrund ihrer Funktion, Effizienz und Bedeutung zu ihrem Vorteil. Günstig für die Geldwäscher in der zweiten Phase ist die Abwicklung über Unternehmen, die ein hohes Liquiditätsvolumen bei entsprechend konstanten Betriebskosten aufweisen, weil bei Verwendung eines weltweiten elektronischen Zahlungsverkehrs ebenfalls das Volumen der auf diesem Weg getätigten Transaktionen auf der legalen Seite permanent ansteigt. Die Legalisierung der Gelder erfolgt über Anlage von Wertpapieren oder das Gewährung von Darlehen innerhalb weltweiter Finanzkonglomerate. Offshore-Zentren[2] stellen eine wesentliche Erleichterung bei der Gründung derartiger Unternehmen dar.

---

[2] Offshore-Zentren sind in ihrer Entstehung mit der Entwicklung der Euromärkte verbunden, indem sie die Anpassung an die modifizierten Faktoren versäumten. Sie bieten Anonymität bei der Aufnahme von Geschäftsbeziehungen, strengen Geheimnisschutz, mangelnde Kundenidentifikationsvorschriften und fehlende Auskunftspflichten gegenüber den Behörden wodurch die Unterbrechung der Papierspur ermöglicht wird und somit die Strafverfolgung erschwert ist. Die beschei-

Das Bankensystem bildet also das Kernelement der Geldwäsche, da sowohl das weltweite Finanzsystem als auch das der Offshore-Länder davon betroffen ist. Aufgrund ihrer Funktion als Kapitalsammelstellen und Intermediäre des Zahlungsverkehrs besitzen sie kostbare Informationen für Geldwäscher und sind daher für diese von grossem Interesse um Einfluss auf Banken zu nehmen. Wie bereits erwähnt sind genauso Berufsgruppen ausserhalb des Bankensektors von der Geldwäsche betroffen, da sie der Wahrung von Berufsgeheimnissen unterliegen (beispielsweise Geld- und Finanzberater, oder rechts- / steuerberatende Berufe). Der Gesetzgeber und die Behörden reagieren auf das unternehmerische Risiko, das dem Finanzsektor durch die Gefahr der Verwendung zur Geldwäsche entsteht, indem sie Gesetze und Regelungen verstärken. Der Bekämpfung kommt klarerweise ein besonderer Stellenwert zu, weil Geldwäsche letztlich zu einer Destabilisierung der Gemeinschaften und Nationalökonomien führt. Durch die Verwendung des Internets zur Durchführung von Transaktionen wird die Abwehr deutlich schwieriger, da eine permanente Verlagerung von Finanzvermögen ermöglicht wird. Auch die zunehmende internationale Dimension der Geldwäschedelikte macht es den Ermittlungsbehörden nicht eben leichter. Ein weiteres, sehr dienliches Werkzeug für Geldwäschezwecke stellt die Nutzung des Untergrundbankensystems dar. Diese (inoffiziellen) Geld- und Werttransfersysteme führen Transaktionen ausserhalb des konventionellen Bankensektors durch und erweisen sich als günstig, zuverlässig, unkompliziert und anonym. Ein Beispiel dafür ist das Hawala-System, das zum Zahlungstransfer Codes verwendet, mittels derer die Transaktionen ohne Aufzeichnungen durchgeführt werden können.

Die Entwicklung zu elektronischen Geldformen ist allerdings auch für die Banken und für die Untergrundbanken günstig. Vor allem der herkömmliche Bankensektor profitiert vom Effizienzgewinn, der Qualitätssteigerung, der Erweiterung der Produktpalette, der Kostensenkung und nicht zuletzt durch die neuen Kunden, welche augrund dieser Möglichkeit gewonnen werden konnten. Mit dem Internet eröffnete sich ein Handeln in einem weitgehend anonymen Kommunikationsmedium, gleichzeitig haben räumliche Distanzen keine Bedeutung mehr und die Abwicklung jeglicher Transaktionen erfolgt schnell, effizient und zu jeder gewünschten Zeit. Für die Geldwäsche nachteilig erweist sich die Aufzeichnung einer Papierspur, gleichzeitig sinken dafür die Kontrollmöglichkeiten der Bank.

---

denen Gründungskosten und minimalen jährlich anfallenden Steuerbelastungen für die Unternehmen erleichtern den Geldwäschern ihre Vorgehensweise.

Diese setzt dagegen mit Überwachungssystemen, welche aber keine vollständigen Informationen liefern können. So kann zum Beispiel die Person (oder Stelle) nicht identifizieren werden, welche die Überweisung getätigt hatte. Fest steht, dass durch die ständige Weiterentwicklung der neuen Kommunikationsmedien sich parallel die Geldwäsche in ihrer Form, Fliessrichtung und auch im Umfang ändern wird. Nicht zuletzt aufgrund der massiven mikro- und makroökonomischen Konsequenzen wird grösste Achtsamkeit auf die Gesamtheit der Geldwäsche gelegt. Die Bekämpfung der Geldwäsche erschwert sich jedoch nicht zuletzt wegen entstehender Interessenskonflikte. Diejenigen, die einerseits eine ethisch-moralische Verantwortung haben und von der Geldwäsche direkt betroffen sind und Marktteilnehmer andererseits, die gegen ihre eigenen Interessen handeln würden, die zur längerfristigen Gefährdung ihres eigenen Bestandes führen könnte. Sicher ist weiters, dass durch die rasche Verbreitung und die Anonymität des Internets Geldwäsche und Betrug gefördert wird. Attribute wie Geschwindigkeit, vielseitige Zugriffsmöglichkeiten und die Option der Grenzüberschreitung regen noch zusätzlich das Interesse an missbräuchlicher Verwendung an. Nach derzeitigen Gesichtspunkten wird der elektronische Handel wird die Norm werden und sich über alle Märkte ausbreiten, da ein weltweiter Trend zur Verbreitung des Internets vorliegt.

Gegenmassnahmen zur Bekämpfung der Geldwäsche sind auf dieser Ebene die bereits erwähnte Implementierung von Überwachungssystemen, oder auch die Überwachung durch Internetdienstanbieter. Diese zeichnen Protokolle auf um die IP-Adresse und die Telefonnummer. die in der Verbindung verwendet wurde, festzuhalten. Um den Bereich der Geldwäsche wirklich effizient bekämpfen zu können ist eine Kooperation der Finanzwirtschaft mit den Behörden zur Erstellung und Weiterleitung von Verdachtsmeldungen von hoher Relevanz. Die Chronik der Papierspur gewinnt zunehmend an Priorität: sie vermeidet wirtschaftlichen Schaden für die Banken und ist eine übliche Methode zur Identifizierung und Verfolgung von Geldwäsche. Zur Verstärkung ist der Ausbau von internationaler Zusammenarbeit der Bekämpfungsbehörden wichtig, wobei die abweichenden nationalen Regelungen nicht gerade förderlich sind. Weltumfassend betrachtet stellt der Angriff auf die Geldmittel des organisierten Verbrechens den einzig erfolgversprechenden Weg der Bekämpfung dar. Der Akt der Gewinnabschöpfung bildet gewiss eine teilweise Schwächung, allerdings muss dem gegenüber die Wirksamkeit aufgrund der erzielten Gewinne in Relation gestellt werden.

Entwicklung der Geldwäsche

Die Geschichte der Geldwäsche beginnt mit der Entstehung der organisierten Kriminalität. Die Geldwäsche an sich verbindet sich jedoch nicht ausschliesslich damit, sondern tritt darüber hinaus noch in anderen Zusammenhängen auf. Somit stellt sich schon in der Entwicklung der Geldwäsche die schwierige Frage, ob und wie sie als eine Straftat nachgewiesen werden kann. „Pecunia non olet!" (Geld stinkt nicht), sagte schon seinerzeit der römische Kaiser Titus Flavius Vespanius, als er sich gegenüber seinem Sohn wegen der Benützungsgebühr für öffentliche Toiletten rechtfertigte. Diese Erkenntnis hat besonders in kriminellen Kreisen ihre Gültigkeit, da das Geld im Gegensatz zu gestohlenen Gütern, seine Herkunft schlicht verschweigt.

Meyer Lansky (der „Erfinder" der Geldwäsche) erkannte, nachdem Al Capone im Jahr 1931 wegen Steuerhinterziehung verurteilt wurde, die Notwendigkeit, die Einnahmen der straf- und steuerrechtlichen Verfolgung zu entziehen. Er suchte nach politisch unabhängigen und stabilen Insellagen, so genannten „offshore"-Ländern. Das von ihm gebildete Konzept geradezu vorbildlich für das Finanzmanagement der organisierten Kriminalität. Erleichtert wurde die Vorgehensweise für die anfänglichen Geldwäscher insofern, da die ersten in den 70er Jahren in den USA implementierten Registrierungsvorschriften für Bargeldtransaktionen von den Banken nicht weiter beachtet wurden. Umfangreiche Bareinzahlungen mit Banknoten in kleiner Stückelung galten bis Mitte der 80er Jahre nicht verdächtig.

Mit Al Capone startete die Entwicklungsgeschichte der heutigen Geldwäscheformen. Aufgrund seiner Verurteilung wegen Steuerhinterziehung (die anderen Straftaten konnten ihm nicht nachgewiesen werden), wurde die Bedeutung der Geldwäsche bewusst: Gelder mit verbrecherischer Herkunft, die illegal ausgewiesen und versteuert werden, können nur unter der Gefahr ausgegeben oder investieren werden, dass sie entdeckt werden. Die Geldwäsche ist ein Prozess, mit dem die Existenz, die rechtswidrige Quelle oder die rechtswidrige Verwendung von Einkommen verborgen wird, um diese Einkommen als legal erworben erscheinen zu lassen. Das Ziel ist, illegal erworbene Vermögensobjekte in den legalen Finanzkreislauf einzubringen, die Herkunft zu verschleiern und diese der Zugriffsmöglichkeit der Strafverfolgungsbehörden zu entziehen.

Geldwäsche wird hauptsächlich im Zusammenhang mit Drogengeschäften gebraucht - die Verschleierung von Gewinnen aus anderen Straftaten muss jedoch ebenso mit einbezogen werden. Hier ist es genau das gleiche Ziel, nämlich die Erlöse als aus rechtmässiger Quelle stammend darzustellen.

Internationale Vereinbarungen

Die ersten Schritte in der Bekämpfung der Geldwäsche wurden vom Ministerkomitee des Europarates (1980) gesetzt. Später im Jahre 1988 folgte das Übereinkommen der Vereinten Nationen gegen den unerlaubten Verkehr von Suchtstoffen und psychotropen Stoffen. Das wichtigste Ereignis in der Entwicklung der Geldwäschebekämpfung stellt die Gründung der FATF (Financial Action Task Force on Money Laundering) dar: diese Organisation gründete die Vierzig Empfehlungen, die später in den Europäischen Geldwäscherichtlinien berücksichtigt wurden und nun von allen Mitgliedstaaten in nationales Recht umgesetzt werden müssen.

Am 27. Juni 1980 wurden vom Ministerkomitee des Europarates die „Massnahmen gegen die Überweisung und Verwahrung von Gelder krimineller Herkunft" ausgesprochen. Diese sollen in erster Linie der Aufklärung dienen, und hatten somit keinen bindenden Charakter für die Mitglieder des Europarates. Sie beinhalten die Empfehlung der Kundenidentifikation und der Herkunftssicherung gegen verdächtig erscheinenden Bargeldes durch die Banken. Im Gegensatz dazu verpflichtet das Übereinkommen vom 19. Dezember 1988 von den Vereinten Nationen gegen den unerlaubten Verkehr von Suchtstoffen und psychotropen Stoffen die unterzeichnenden Staaten. Dieses Übereinkommen ist unter dem Namen „Wiener Drogenkonvention" bekannt - es dient der umfassenden Behandlung der Kriminalisierung des Drogenhandels und der strafrechtlichen Erfassung der Geldwäsche. Bis Ende 1997 haben bereits 142 Vertragsstaaten und die Europäische Union die Konvention unterzeichnet.

Am 12. Dezember 1988 beschloss der Basler Ausschuss eine Grundsatzerklärung zur Verhütung des Missbrauchs des Bankensystems für die Geldwäsche. Durch Wachsamkeit gegenüber dem Missbrauch des Zahlungssystems, durch Implementierung von wirksamen Abwehrmechanismen und durch Zusammenarbeit mit den Vollstreckungsbehörden soll der Gefahr vorgebeugt werden, dass die Geldinstitute durch Betrug unmittelbare Verluste erleiden. Diese vier Grundsätze wurden in Basel festgehalten. Der erste regelt die Implementierung einer Ausweispflicht für Kunden bei der Aufnahme von Geschäftsbeziehungen, im zweiten sind die Einhaltung der Rechtsvorschriften und Unterstützung der Exekutivbehörden festgesetzt, und die beiden letzten regeln die Aufbewahrung von Unterlagen und Systemen und die Personalschulung.

Bei einem Treffen der Staats- und Regierungschefs der sieben grossen Industrienationen (G7) im Juli 1989 wurde die Gründung einer Arbeitsgruppe, welche einen Überblick über die bereits bestehende Zusammenarbeit hinsichtlich des Missbrauchs des Finanzsystems und von Finanzinstitutionen geben soll, beschlossen. Diese Gruppe erarbeitet vorbeugende Massnahmen auf diesem Gebiet und hat den Namen FATF (Financial Action Task Force on Money Laundering) erhalten. Die Vierzig Empfehlungen wurden im Jahre 1990 veröffentlicht, sie haben keinen verbindlichen Charakter und beinhalten die Bereiche Strafrecht, Gesetzesvollzug, Finanzwesen und internationale Zusammenarbeit. 1996 kam es zu Änderungen um die Durchführung der Überwachung der Vierzig Empfehlungen gewährleisten zu können, 1998 folgten weitere Umgestaltungen um die Wirksamkeit der Geldwäscheregelungen zu verifizieren.

Die Vierzig Empfehlungen lassen sich grob in vier Bereiche gruppieren: im ersten Teil wird die Umsetzung der Wiener Drogenkonvention und strafrechtliche Massnahmen bestimmt. Im zweiten Abschnitt werden die Dokumentationspflicht mit Verdachtsmeldung sowie die Kooperation der Banken und Nichtbank-Finanzinstitute geregelt. Die Kooperation der Notenbanken mit internationalen Behörden bezüglich der Erfassung von Bargeldströmen wird im dritten Bereich behandelt – der letzte Teil enthält die internationale Kooperation und Rechtshilfe der Ermittlungs- und Justizbehörden. In einer weiteren Fassung der Vierzig Empfehlungen aus dem Jahre 1996 wurde die Beschränkung auf die Drogengeldwäsche aufgehoben.

Die wandelnden Methoden und Techniken der Geldwäsche in den letzten Jahren und die Entwicklungen in den der FATF nicht angeschlossenen Ländern und Gebieten machten die Überarbeitung der Vierzig Empfehlungen im Jahr 2003 erforderlich. Die derzeitige Fassung konzentriert sich nicht nur auf die Geldwäsche, die Ausdehnung auf die Terrorismusfinanzierung soll gemeinsam mit den Acht Sonderempfehlungen, die 2001 aufgestellt wurden, einen umfassenden Rahmen für deren Bekämpfung darstellen. Aufgrund von Abweichungen der Rechtssysteme verschiedener Länder stellen die Empfehlungen zumindest einen Mindeststandard dar. Die unterzeichneten Staaten sind zu Überprüfungen der

Umsetzung und Einhaltung der 40 Empfehlungen verpflichtet, und müssen jedes Jahr einen Bericht über den Stand der Verwirklichung der Empfehlungen übersenden und jeder unterzeichnende Staat wird von den anderen Mitgliedstaaten überprüft. Da die Prüfungsergebnisse veröffentlicht werden entsteht für die Staaten ein starker politischer Druck.

Die „Konvention über das Waschen, das Aufspüren, die Beschlagnahme und die Einziehung von Erträgen aus Straftaten" wurde unter der Leitung des Europarates ausgearbeitet um die Möglichkeiten zu prüfen, die für die Drogenbekämpfung im Rahmen der bestehenden europäischen Übereinkommen gegeben sind. Am 08. November 1990 unterschrieben zwölf Mitgliedstaaten des Europarates mit dem Ziel, die Schwerkriminalität mit Entzug der Erträge aus Straftaten zu bekämpfen. Für dieses Abkommen ist klarerweise eine internationale Kooperation notwendig.

Jede einzelne Bestrebung in der Bekämpfung der Geldwäsche ist für sich ein wichtiger Schritt um dagegen vorzugehen. Die einzelnen Abkommen und Vereinbarungen bilden für sich einen wichtigen Baustein in der Geldwäschebekämpfung. Zusehends wurden die Wirkungsbereiche ausgedehnt und damit auch die unter Bekämpfung gestellten Straftaten wirkungsvoll beeinträchtigt. Die Empfehlungen der FATF werden im folgenden Kapitel umfassend behandelt.

Rechtliche Entwicklungen

Die Richtlinien der Europäischen Union sind für die Mitgliedstaaten bindend und müssen demzufolge in nationales Recht umgesetzt werden. Die ersten beiden Geldwäscherichtlinien sind mittlerweile bereits umgesetzt. Die dritte stellt derzeit nur einen Vorschlag dar. Die erste Geldwäscherichtlinie (91/308/EWG) wurde 1991 zur Vermeidung der Nutzung des Finanzsystems zum Zwecke der Geldwäsche erlassen. Am 04. Dezember 2001 wurde die geänderte zweite Geldwäscherichtlinie (2001/97/EG) gebildet und die Vierzig Empfehlungen von 1996 umgesetzt. Der Vorschlag zur dritten Geldwäscherichtlinie wurde am 30. Juni 2004 präsentiert, mit diesem sollen die neuen Empfehlungen der FATF aus dem Jahre 2003 umgesetzt werden.

Erste Geldwäscherichtlinie

Diese Richtlinie 91/308/EWG des Rates vom 10. Juni 1991 zur Verhinderung der Nutzung des Finanzsystems zu Zwecken der Geldwäsche weist darauf hin, dass das Finanzsystem durch seine Unterwanderung und missbräuchliche Verwendung zu Zwecken der Geldwäsche bedroht ist. Da die Geldwäsche die Solidität und Stabilität der beteiligten Finanzinstitute und des europäischen Finanzsystems massiv gefährden könnte, ist ihr Ziel ihre Bekämpfung. Sie soll verhindern, dass die Geldwäscher den freien Kapitalverkehr und die Freizügigkeit der Finanzdienstleistungen ausnützen können.

In der Richtlinie ist die Bekämpfung der Geldwäsche in zwei Bereichen geregelt. Zum einen werden strafrechtliche Massnahmen getroffen, die mit der Wiener Drogenkonvention und dem Geldwäsche-Übereinkommen des Europarates vom 08. November 1990 übereinstimmen, zum anderen betreffen die Massnahmen das Finanzsystem. Die Beseitigung der Anonymität und des Bankgeheimnisses sind dabei von besonderer Bedeutung. Das Bankgeheimnis ist in § 38 des Bankwesengesetzes (BWG) geregelt und verpflichtet die Kreditinstitute, ihre Gesellschafter, Organmitglieder und die für sie tätigen Personen, Geheimnisse, die ihnen auf Grund der Geschäftsverbindung mit dem Kunden worden sind, nicht zu offenbaren oder zu verwerten. Diese Verpflichtung zur Geheimhaltung ist zeitlich unbegrenzt. In Bezug auf die Geldwäsche allerdings ist die Wahrung des Bankgeheimnisses bei eingeleiteten gerichtlichen Strafverfahren gegenüber den Strafgerichten nicht verpflichtend. Dies gilt weiters bei eingeleiteten Strafverfahren wegen vorsätzlicher Finanzvergehen (ausgenommen Finanzordnungswidrigkeiten) und gegenüber den Finanzstrafbehörden. Ebenso wenn der Verdacht besteht, dass eine laufende oder bevorstehende Transaktion der Geldwäsche dient, der Kunde den Verpflichtungen zur Offenlegung von Treuhandbeziehungen zuwiderhandelt, der Kunde einer terroristischen Organisation angehört oder die Transaktion der Finanzierung von Terrorismus dient. Da die Richtlinie grundsätzlich alle unrechtmässig erlangten Erträge und nicht nur das Waschen von Erlösen aus dem Drogenhandel selbst einschliesst, geht sie über den Anwendungsbereich der Wiener Drogenkonvention hinaus. Durch diese Richtlinie werden eine Vereinheitlichung der Rechtsvorschriften und eine Sicherung des Binnenmarktes gewonnen. Sie enthält detaillierte Angaben über die bindende Definition der Geldwäsche, die Kriminalisierung der Geldwäsche, die Identitätsfeststellung der Kunden, die Dokumentationspflicht in Bezug auf Transaktionen, die Sorgfaltspflicht, die Kooperations-

und Anzeigepflicht bei verdächtigen Transaktionen, die Durchbrechung des Bankgeheimnisses, die Feststellung von Transaktionen durch die Behörde, die Geheimhaltung der Meldung (Anzeige) an die Behörde durch die Bank gegenüber dem Kunden, den Rechtsschutz und die Schulung und Kontrolle im Bankwesen. In der Richtlinie verpflichten sich alle Mitglieder der Europäischen Union zur Umsetzung in nationales Recht: diese musste bis zum 01. Jänner 1993 erfolgen.

Zweite Geldwäscherichtlinie

In dieser zweiten Geldwäscherichtlinie vom November 2001 wurde der Anwendungsbereich auf das Waschen von Erträgen aus schweren Straftaten erweitert. Der Geltungsbereich wird auf nichtfinanzielle Tätigkeiten und Berufe ausgedehnt, die in Bezug auf Geldwäsche bedenklich erscheinen. Zu diesen gefährdeten Berufsgruppen zählen Abschlussprüfer, externe Buchprüfer, Notare und Rechtsanwälte, Kasinos und Immobilienmakler. Ein Wechsel der herkömmlichen Geldwäschemethoden zu neuen Formen der Geldwäsche war besonders bei völlig anonymen Barzahlungen zu beobachten. Aus diesem Grund müssen all jene Personen, die mit hochwertigen Gütern handeln bei Barzahlung von Beträgen ab EUR 15.000 die in der Richtlinie festgelegten Verpflichtungen einhalten.

Dritte Geldwäscherichtlinie

Die neue Geldwäscherichtlinie, die derzeit nur in Form eines Vorschlages vorliegt, beinhaltet die Verpflichtung der Mitgliedstaaten, die 40 Empfehlungen der FATF in der aktuellsten Fassung umzusetzen. Besonders die erforderliche Sorgfalt in der Ermittlung der Identität der Kunden ist nicht gegeben. Die Meldepflicht soll auf Transaktionen erweitert werden, die unter Verdacht auf Finanzierung terroristischer Aktivitäten stehen. Eine zusätzliche Änderung betrifft den Schutz der Mitarbeiter von Kredit- und Finanzinstituten, die bedenkliche Transaktionen melden, da hier die Befürchtung besteht, dass sich Bedrohungen dieser Mitarbeiter negativ auf die Bekämpfung der Geldwäsche auswirken. Der optimierte Austausch von Informationen betreffend Geldwäsche zwischen dem öffentlichen und privaten Sektor soll in dieser Richtlinie geregelt und in weiterer Folge kontrolliert werden. Ein weiterer relevanter Punkt ist die Verbesserung der Identitätsfeststellung von Bankkontoinhabern und tatsächlich Begünstigten, da zum jetzigen Zeitpunkt nicht gewährleistet ist, dass die Banken die verpflichteten Auskünfte kurzfristig an die zuständigen Behörden erteilen können. Um der Gefahr der Geldwäsche über das Internet entgegen zu wirken, wird diese Entwicklung überwacht, da Finanzgeschäfte aller Art vermehrt über das Internet abgewickelt werden. Bestimmte Transaktionen werden von den Kontrollen und Überwachungsmechanismen noch nicht erfasst. Die Geldwäscherichtlinien der Europäischen Union bilden die Vereinheitlichung der Bekämpfung der Geldwäsche im Gemeinschaftsraum. Die ersten beiden wurden wie bereits erwähnt in nationales Recht umgesetzt - am Vorschlag der dritten Geldwäscherichtlinie wird schon gearbeitet.

Geldwäsche

Dieses Kapitel beschreibt die Geldwäsche selbst und versucht, eine Definition hierfür zu finden. Es wird sich zeigen, dass die Geldwäsche nicht immer kriminelle Aktivitäten im Hintergrund hat. Anschliessend werden die Phasen der Geldwäsche an sich erklärt, dabei wird auf das 3-Phasen-Modell der US-Zollbehörde eingegangen, da es das am häufigsten zitierte Modell darstellt. Im Anschluss werden die drei Phasen im Detail dargestellt um einen genaueren Überblick zu bieten und zu sehen wie die Geldwäsche funktioniert und abgewickelt wird. Die Formen der Platzierungsphase (die erste Phase) werden genauer beschrieben. Anschliessend folgt die zweite Phase, die so genannte Umschichtungsphase („Layering"). Zuletzt bildet die Integration der inkriminierten Gelder in den legalen Wirtschaftskreislauf die dritte Phase.

Der nächste Abschnitt behandelt die Probleme mit Offshore-Ländern. Diese betreffen insbesondere die Unzulänglichkeiten der Bankenaufsicht. Sie erleichtern die Gründung von Unternehmen, die zu Zwecken der Geldwäsche verwendet werden und zeichnen sich durch niedrige Steuern und geringe Buchführungspflichten aus. Da wegen der geringen Steuerbelastung Gelder in diese Gebiete abfliessen, hat dies zusätzlich Auswirkungen auf alle anderen Volkswirtschaften. Danach wird über die Auswirkungen der Geldwäsche auf das Finanzsystem berichtet. Diese reichen von den geringer werdenden Optionen der Einflussnahme durch die Privat- und Zentralbanken und deren Destabilisierung bis hin zu den volkswirtschaftlichen Konsequenzen. Zuletzt erfolgt ein Überblick über die offensichtlichen Parallelen der Geldwäsche und der Internetentwicklung. Sehr bedeutsam ist hier die rasche Zunahme an Internetnutzern, die vermehrt Dienstleistungen der Banken in Anspruch nehmen um ihre Bankgeschäfte von zu Hause aus zu erledigen. Die Finanzdienstleister bieten ihren Kunden die Möglichkeit, ihre Überweisungen einfach, bequem und schnell abzuwickeln. Diese neue Medientechnologie ist damit gleichzeitig anfällig für Geldwäscher, da die rasche Überweisung von Geldern absolut in deren Interesse ist. Eine weitere Schwierigkeit stellt die weitgehende Anonymität des Internets dar.

Da das Phänomen und die Erscheinungsformen der Geldwäsche viel zu facettenreich sind, gibt es keine alles abdeckende Definition dieses Vorganges. Ziel der Geldwäsche ist es, die kriminelle Herkunft des Vermögens zu verschleiern um es im Wirtschaftsverkehr als vermeintlich legal erworbenes Vermögen verwenden zu können. Die Geldwäsche besteht hauptsächlich aus zwei Teilen: den Gegenstand und die Tathandlung selbst. Der Gegenstand ist das zu waschende Vermögen und ist mittelbar oder unmittelbar aus der strafbaren Handlung hervorgegangen. Unter Tathandlung sind alle Aktivitäten zu verstehen, die der Verheimlichung des Vorhandenseins, der Herkunft oder künftigen Verwendung der Objekte dienen. Doch nicht ausschliesslich illegale Transaktionen sind unter dem Begriff Geldwäsche aufzufinden. Es lassen sich verschiedene Beispiele nennen, die keinen verbrecherischen Hintergrund haben, wie bei „unfriendly takeovers". Hier werden Aktien von Mittelsmännern gekauft, damit die Käufer möglichst lange anonym bleiben können. In Grauzonen, die vom Strafrecht nicht abgedeckt werden, ist Geldwäsche besonders bei Zahlungen von staatlichen Organen vorzufinden, wo die Herkunft der Gelder nicht bekannt werden darf.

Das Ausmass der Geldwäsche hat sich verändert, da sowohl nationalökonomische als auch gesellschaftliche Strukturen damit konfrontiert werden. Die Bewusstseins-Änderung der Bekämpfung von Geldwäsche wurde durch die Angst der Unkontrollierbarkeit der zukünftigen Entwicklungen hervorgerufen.

Phasen der Geldwäsche

Die Einteilung der Geldwäsche in drei Phasen erleichtert einerseits die Zuordnung der einzelnen Transaktionen und andererseits die Strafverfolgung. Wie sich zeigen wird, gestaltet sich die Zuordnung der Handlungen zu den einzelnen Phasen (und die damit in Zusammenhang stehende Strafbekämpfung) doch als recht schwierig. Es werde nun die einzelnen Phasen beschrieben, um einen Überblick über die möglichen Transaktionen zu geben.

Die drei Phasen, welche von der US-Zollbehörde zur Systematisierung der Geldwäsche verwendet werden, sind: Placement, Layering und Integration (Abbildung 6). Dabei ist es jedoch nicht zwingend, dass diese Phasen nacheinander ablaufen. Die Erbringung von Vermögenswerten in den legalen Finanzmarkt ist unter dem Begriff Placement zusammengefasst, hierunter fallen beispielsweise Taten wie der Schmuggel ausser Landes, das Vermischen mit ungesetzlich erworbenen Mitteln und das Umgehen der Identifikations- und Meldepflichten. Die zahlreichen Transfers und Transaktionen der Gelder erfolgen in der Layeringphase und zuletzt in der Integrationsphase die gewinnbringende Anlage auf dem legalen Markt.

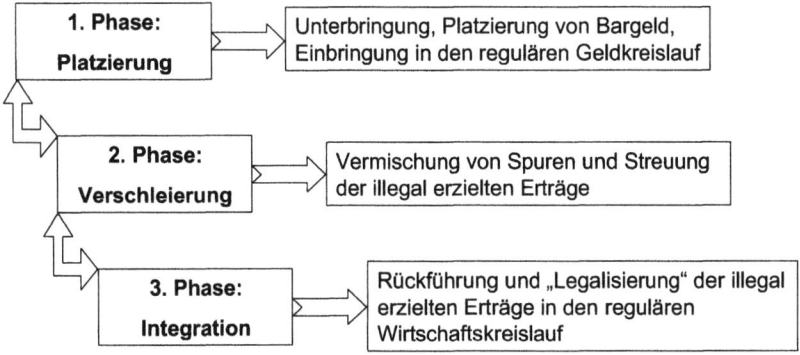

Abbildung 6: Die Phasen der Geldwäsche

Die erstmalige Umwandlung von illegal erwirtschafteten Gewinnen wird in der ersten Phase (Placement) durch die Einbringung dieser in den legalen Finanz- beziehungsweise Wirtschaftskreislauf vollzogen. Da die Einzahlung grosser Bargeldmengen in kleinen Teilbeträgen mittlerweile durch die in vielen Ländern bestehenden Identifikations-, Dokumentations- oder Meldepflichten verdächtig erscheint, werden sie auf mehrere Einzahlungen, Konten und Banken aufgeteilt. Diese Pflichten werden durch den Erwerb von leicht transportierbaren Wertgegenständen oder kurzfristigen Anlageformen umgangen. Nicht nur Banken sind in dieser Phase der Geldwäsche gefährdet, sondern Versicherungsgesellschaften können durch den Abschluss von Lebensversicherungen mit hohen Einstiegsprämien und kurzer Laufzeit ebenso betroffen sein. Schwieriger ist das Auffinden der Geldwäsche, wenn die illegalen Einnahmen mit „normalen" Einnahmen aus Unternehmen vermischt werden. Hierzu werden Firmen herangezogen, denen der tatsächliche Umsatz schwer nachzuweisen ist wie beispielsweise Spielkasinos oder Wechselstuben. Die Geldwäsche ist in dieser Phase gut erkennbar – dadurch setzt die Bekämpfung genau hier an. Für die Geldwäscher bedeutet sie wiederum die Phase mit dem grössten Risiko entdeckt zu werden.

Da die hohen Bargeldbeträge in der ersten Phase in gleichwertige Summen umgewandelt werden müssen, werden sie vorerst aufgeteilt („smurfing" oder „structuring") um später in kleinen Beträgen in das Finanzsystem eingebracht zu werden - wobei vor allem Banken, Spielcasinos, Wechselstuben, Münzhandlungen, Versicherungen oder Wertpapiermakler als Anlaufstelle dienen. Zumeist werden hier wie schon angesprochen Mittelsmänner verwendet – oder auch Unternehmen, bei denen das

Aufkommen grösserer Bargeldmengen durchaus nachvollziehbar und erklärbar ist, wie zum Beispiel bei Autohandelsbetrieben oder Gaststätten. Ist die Platzierungsphase erst einmal erfolgreich abgelaufen, ist es wesentlich schwieriger, den Geldwäschevorgang überhaupt erst zu entdecken. „Smurfing" ist eine konventionelle Technik um die kriminell gewonnenen Gelder auf einem Konto zur Einzahlung zu bringen. Die so geteilten und kleineren Beträge können unverdächtig in das Bankensystem eingebracht werden. Die für Geldwäsche bevorzugten Unternehmen und Branchen weisen eine geringe Regulierungsdichte auf und unterliegen nur wenigen Kontrollen, ihr wahrer Umsatz ist nur schwer zu ermitteln und nachzuweisen. Als geeignet betrachtet werden bargeldintensive Betriebe wie beispielsweise Taxiunternehmen, Boutiquen, Gaststätten und auch Spielhallen.

In der ersten Phase kann der physische Bargeldtransport ins Ausland, vor allem in Länder mit verhältnismässig freizügigen Regelungen im Finanz- und Bankwesen, wie etwa Steueroasen und Offshore-Zentren, erfolgen. Dort fliesst das Geld in das internationale Finanzsystem ein. Ziel der zweiten Phase (Layering) ist, durch eine Vielzahl von nationalen wie internationalen Transaktionen die Herkunft beziehungsweise den Eigentümer zu verbergen. Häufig ist hier die Verbindung zu ausländischen Banken (Offshore-Banken) erkennbar. Die Abwicklung erfolgt zumeist über derivative Finanzinstrumente und „cyberpayments". Durch die Tätigkeiten in dieser Phase werden die Spuren des Geldflusses weiter verwischt und damit wird die Rückverfolgung bis zur Quelle unmöglich. In der Layering-Phase wird weiters der so genannte „paper-trail", das ist die Spur die der Geldwäscher bei seinen manchmal zahlreichen Umschichtungstransaktionen hinterlässt, unterbrochen. Mithilfe eines durchgängigen paper trails ist es den Ermittlungsbehörden möglich, den kriminellen Ursprung des Geldes nachzuweisen. Durch den weltweiten elektronischen Zahlungsverkehr werden umfangreiche Optionen geboten, die Herkunft des inkriminierten Geldes durch beliebig viele Überweisungen zu verschleiern. Nach einem erfolgreichen Geldwäschevorgang ist es nahezu unmöglich die kriminelle Herkunft des Geldes nachzuweisen. In der Verschleierungsphase wird das Aufdecken der kriminellen Herkunft der Vermögenswerte erschwert. Es soll dem getäuschten Finanzunternehmen, wodurch das Geld in den Finanzkreislauf eingebracht wird, und weiteren Dritten nicht oder nicht ohne besondere Anstrengungen möglich sein, die illegale Herkunft aufzudecken. Der Zweck ist, die staatliche Einziehung langfristig zu verhindern und die Mittel verfügbar zu halten, womit eine jederzeitige Zugriffsmöglichkeit gesichert wird. Um die Spuren der Gelder nach einer erfolgreichen Platzierung zu verwischen, bedienen sich die Geldwäscher vielfältigen internationalen finanziellen Transaktionen, wobei darauf geachtet wird, dass das Risiko der Entdeckung durch verwirrende und komplizierte Verteilung und Überweisungen schwieriger wird. Als Vorteile dienen werden moderne elektronische Kommunikationssysteme. Sie bieten die Möglichkeit, Millionenbeträge binnen Sekunden zu verschieben ohne den Absender oder Empfänger registrieren zu müssen.

Die Barabwicklung ist bei internationalen Zahlungen interessanter da sie ungefährlicher ist, als bei der Abwicklung über Konten. Die Abwicklung in bar ist je nach Höhe der zu zahlenden Beträge begrenzt, vor allem, wenn der Geschäftspartner im Ausland Schwierigkeiten bei der Platzierung hat. Die Durchführung über das Electronic Banking bietet eine attraktive Option, sofern sich das Geld auf Konten befindet; es ist ein geeignetes Instrument für die Geldwäsche, da die Kundenbeziehung aufgrund der fehlenden physischen Präsenz des Kunden anonymer geworden ist. Damit wird die Chance reduziert, auf ungewöhnliche Transaktionen zu stossen. Insgesamt muss wohl mit einem Anstieg des Gebrauchs der neuen Kommunikationswege zum Zwecke der Geldwäsche angenommen werden. Die Geschwindigkeit der Transaktionen, die schnell durchgeführt werden können, bereitet den Strafverfolgungsbehörden grosse Probleme. Die Option der raschen Geldtransfers über Ländergrenzen ist ein beachtlicher Vorteil für die Geldwäscher und das Internet hilft ihnen klarerweise sehr dabei.

Die Rückführung beziehungsweise Integration von nicht mehr nachweisbar illegalen Geldern erfolgt in der letzten Phase, der Integration. Sie werden auf Finanzmärkten oder in Sachgütern angelegt. Die Investition in Unternehmen erfolgt primär um Synergieeffekte auszunutzen, um die kriminelle Infrastruktur zu fördern oder um weitere Straftaten (in weiterer Folge die Geldwäsche) zu erleichtern. In der Integrationsphase ist es mit beträchtlichen Problemen verbunden, die Herkunft der Gelder zu ermitteln. Es kann kaum festgestellt werden ob und wie Geld kriminellen Ursprungs angelegt wurde. Häufig werden die gewaschenen Gelder mit legalen Einkünften vermischt und die genaue Unterscheidung zwischen Umschichtungsphase und Integrationsphase wird damit immer schwieriger, da längerfristige Anlagen ebenfalls der Verschleierung dienen können. Die Grenzen sind fliessend und somit können einige Anlagen oder Techniken durchaus genauso der Umschichtungsphase zugeordnet werden. Das Geld wird in der Integrationsphase als vermeintlich legal erworbenes Vermögen in den Wirtschaftsverkehr eingebracht. Zum Schluss wird die ursprüngliche Herkunft ohne einer lückenlosen „paper trail" und Identifikation des / der Geldwäscher nicht mehr nachzuweisen. Die gewaschenen Erlöse werden mittels eigens dafür gegründeten oder erworbenen Unternehmen in die Wirtschaft zurückkanalisiert. Dadurch erscheinen die Gelder als „übliches Einkommen" einer legalen wirtschaftlichen Betätigung. Die einzelnen Phasen der Geldwäsche können nicht genau voneinander abgegrenzt werden, da der Prozess von verschiedenen Faktoren und Rahmenbedingungen abhängig ist. Der Prozess in diesen Phasen darf nicht als immer gleich ablaufendes Muster betrachtet werden: es können Phasen übersprungen, wiederholt, ineinander übergreifend oder synchron ablaufen.

Die Handlungen und Strategien der Geldwäscher sind sehr umfangreichen und laufenden Änderungen unterworfen. Die Grenzen der Geldwäsche liegen allein in der Kreativität. Es hat sich gezeigt, dass der Übergang der Geldwäsche von einer Phase zur anderen fliessend ist und einzelne Transaktionen durchaus mehreren Phasen zugeordnet werden können. Das angestrebte Ziel ist, die Papierspur zu verwischen um den Geldern den Anschein einer legalen Herkunft zu verleihen und gleichzeitig die Strafverfolgung zu erschweren.

Formen

Das Abwicklungsverhalten der Geldwäscher ist von mehreren Einflüssen abhängig wie beispielsweise Erfahrung, Grösse der Organisation (je grösser die Organisation, desto eher werden internationale Transaktionen vorgenommen), von vorhandenen Organisationsstrukturen und Kontakten. Solange die Herkunft des Geldes arglos nachweisbar ist, wird es kurzfristig angelegt; längerfristig erst dann, wenn die Herkunft ausreichend verschleiert werden kann. Das Anlageverhalten wird dem eines „gewöhnlichen" Bürgers angepasst, um weniger Aufmerksamkeit der Behörden zu erregen. Der Handlungsspielraum der Geldwäscher wird von juristischen und ökonomischen Faktoren beeinflusst: Umfang der zu waschenden Geldmenge, Kenntnis von Methoden, Professionalisierungsgrad, zeitlichen und personellen Ressourcen sowie infrastrukturelles Umfeld der Geldwäscher. Da die Formen der Geldwäsche einem steten Wandel unterliegen, müssen die Ermittlungs- und Bekämpfungsmethoden ebenso permanent angepasst werden. Die Simultaneität besteht in der Überschreitung mehrerer Ländergrenzen; bevorzugt werden Offshore-Zentren, da diese keine oder nur wenige Überwachungsmechanismen aufweisen. Nach dem erfolgreichen „Waschvorgang" fliesst das Geld wieder ins Ursprungsland zurück und kann dort anschliessend mit dem Anschein von Legalität weiter verwendet werden.

Formen der Platzierung

Die Formen der Platzierung können abweichend sein: ein erhebliches Merkmal ist, dass zumeist der Bankensektor davon betroffen ist, weshalb die Strafverfolgung hier den Ansatzpunkt findet. Der Grund für die Nutzung des legalen Bankensystems liegt darin, dass ausschliesslich Buchgeld die rasche Handlungsmöglichkeiten für die Geldwäscher bietet, die sie für ihr Vorhaben benötigen. Da bei den illegalen Handlungen Bargeld anfällt, muss es über das Finanzsystem in den Wirtschaftskreislauf eingebracht werden. Das Bankgeheimnis erleichtert den Geldwäschern ihr Tun, weil die bestehenden Identifikations-, Dokumentations- und Meldepflichten beachtet werden müssen. Um diese zu überwinden, werden meist Mittelsmänner eingesetzt, die das Geld in unterschiedlichen Instituten unterhalb dieser Grenzen zur Einzahlung bringen. Ein möglicher Wechsel in Werttträger mit geringem Gewicht und Volumen ist ebenso vorstellbar.

Um die inkriminierten Gelder in das Bankensystem einzubringen, stehen den Geldwäschern mehrere Versionen offen. Da viele Länder Identifikations-, Dokumentations- und Meldepflichten eingeführt haben, müssen die Gelder aufgeteilt werden, um unterhalb dieser Grenzen in das Bankensystem gelangen zu können. Das Geld kann weiters durch physischen Transport ins Ausland gebracht werden um auf Länder mit geringerem geldwäschespezifischen Regulierungsgrad auszuweichen. Es zeigt sich, dass Bankensysteme in dieser Phase eine bedeutende Rolle spielen, da lediglich Buchgeld schnelles Handeln auf nationalen und internationalen Märkten ermöglicht. Aus diesem Grund kann das Bankensystem keinesfalls ausser Acht gelassen werden. Zusätzlich kommt es oft zu Bargeldeinzahlungen auf Konten, zu Sorten- und Devisentausch, oder dem Gebrauch von Reiseschecks. Banken bieten aufgrund ihrer Funktion, Effizienz und Bedeutung also unverzichtbare Vorteile für die Geldwäscher, weil sie verpflichtet sind aufgrund des Bankgeheimnisses und der einschlägigen datenschutzrechtlichen Bestimmungen, ihnen bekannt gewordene Tatsachen nicht weiter zugeben. Kreditinstitute spielen in allen Phasen der Geldwäsche eine zentrale Rolle und können in drei Gruppen eingeteilt werden: Kreditinstitute, die nicht wissen oder nicht erkennen können, dass sie an Geldwäsche beteiligt sind, jene, die mit Verbrechensorganisationen kooperieren und weiters Banken die eine illegale Tätigkeit anstreben oder ausüben und das banktübliche Geschäft nur zur Tarnung betreiben. Banken sind aufgrund ihrer hohen Effizienz und Verschwiegenheit Schlüsselinstitutionen zwischen krimineller Finanzunterwelt und legaler Wirtschaft. Die Geldwäscher nutzen Banken zur Unterbringung von Bargeldbeständen, zur Verteilung und zur Hilfe bei der Integration in Anspruch, womit alle Phasen der Geldwäsche abgedeckt sind.

Um eine leichtere Handhab- und Handelbarkeit der inkriminierten Gelder zu erreichen, verwenden Geldwäscher Wertträger, die eine Verringerung des Gewichts und Volumens ermöglichen. So wird Bargeld in kleiner Stückelung in grosse Scheine oder in eine andere Währung gewechselt. Es können weiters Inhaberpapiere, Edelsteine, Edelmetalle, Juwelen und andere hochwertige Luxusgüter erworben werden. Um Transaktionen durchzuführen, bedienen sich Geldwäscher so genannter Strohmänner. Diese sind juristische oder natürliche Personen, die Finanztransaktionen auf eigenen Namen und auf fremde Rechnung tätigen oder ihren Namen für Registereintragungen zur Verfügung stellen. Juristische Personen werden als Frontgesellschaften bezeichnet, sie bringen das inkriminierte Geld in den Finanzkreislauf ein wenn sie es als Geschäftsumsatz anzeigen und auf Firmenkonten einzahlen. Einzug zu beachten ist, dass die Firma einen Geschäftszweig betreibt, der normalerweise mit hohem Bargeldaufkommen erklärbar ist, wie beispielsweise Spielhallen, Parkhäuser, Wechselstuben und Spielcasinos, Hotellerie- und Gastronomiebetriebe, Autowaschanlagen, Sportcenter und Auktionshäuser. Die organisierte und mehrfache Einzahlung von Vermögenswerten in Beträgen unterhalb der Deklarations- oder mehrfachen Banknotenwechsel von kleinen in grosse Stückelungen oder von einer Währung in eine andere wird als „structuring" oder „smurfing" bezeichnet. Um das Smurfing zu vereinfachen, werden wie erwähnt Unternehmen zwischengeschaltet, bei denen üblicherweise mit viel Bargeld gearbeitet wird. Das Structuring präsumiert eine Vielzahl von Helfern und ist weiters sehr zeitaufwändig.

Das Geld wird meist in so genannte „offshore centres" exportiert. Diese Plätze haben wenig bis keine staatliche Bankenaufsicht, bewahren gewissenhafte Diskretion und haben einen hohen Stand der Anonymität. Die Gründung von (Schein)Firmen ist günstig und rasch durchführbar. Diese Regionen sind auf der ganzen Welt verteilt - in Europa zeichnen sich allerdings auch einige Länder dafür aus (zum Beispiel Österreich wegen der bestehenden Anonymität). Offhore-Märkte haben für Geldwäscher den Vorteil, dass sie nahezu keine Regulierungen und Beschränkungen haben. Ausserdem weisen sie nur geringe behördliche Aufsicht oder Kontrollen auf und unterliegen keiner statistischen Meldepflicht. Die Entwicklung der Offshore-Zentren verlief in Europa, Amerika und Asien unterschiedlich, doch insgesamt wuchsen sie bis beständig und rasch.

Formen der Umschichtung

In dieser Phase stehen die Banken im Mittelpunkt. Um die Vielzahl der Transaktionen zu erleichtern, verwenden die Geldwäscher die neuen Kommunikationsmedien wie Internet. Die Anzahl der getätigten Überweisungen steht in direktem Zusammenhang mit der Tarnung: je höher diese ist, umso geringer ist die Wahrscheinlichkeit der Entdeckung durch die Strafverfolger. Unternehmen, die für die Geldwäsche in dieser Phase eingesetzt werden, sind häufig Sitzgesellschaften in Offshore-Finanzzentren, welche untereinander mit Über- oder Unterfakturierung Gelder waschen. Die Geldwäscher erhöhen die Transaktionsintensität und –geschwindigkeit um damit die Gelder ausserhalb der Reichweite der Strafverfolgungsbehörde zu bringen. Das Verwenden von elektronischen Zahlungsverkehrssystemen eröffnet den Geldwäschern die effiziente Option nationale und internationale Geldübertragungen durchzuführen. Dies wird vereinfacht durch die hohe Nutzung bei vorschriftsmässigen Transaktionen. Es ist kompliziert festzustellen, ob eine elektronische Übertragung der Geldwäsche gedient hat oder nicht. Zusätzlich hinterlassen diese Systeme eine geringe Papierspur, bieten weitgehende Anonymität und vereinfachen die für diese Phase typischen Kettentransfers, die über mehrere Konten und Länder laufen. Das Vermögen wird im Finanznetz gesammelt, gestreut, umgeschichtet, aufgeteilt oder überwiesen und Bargeldtransaktionen werden dazu verwendet, die Papierspur zu unterbrechen.

Die schnelle Verfügung über gerade eingezahltes oder überwiesenes Geld ist in dieser Phase besonders auffällig und kann über den kompletten oder nur eines Teilbetrages erfolgen. Zu diesem Zweck sind Dokumenteninkassi, Akkreditive und Banken-Orderschecks weniger geeignet, weil sie für den Täter (zeit-)aufwändig sind. Es müssen daher entsprechende Dokumente (beispielsweise Versicherungsbelege) beschafft werden. Das Fehlen der erforderlichen Kompetenzen könnte hier allerdings den Verdacht auf Geldwäsche erregen. Im Kreditbereich ist dazu im Gegensatz der fehlende wirtschaftliche oder nicht sinnvoll erscheinende Zweck der Finanzierung befremdend und im Anlage- oder Wertpapierbereich erregen die Täter durch Nichtanlage beziehungsweise wirtschaftlich schlechte Anlage von Geld Aufmerksamkeit.

Die Abwicklung eines Akkreditivs ist zeitaufwändig und unterliegt der Norm der Internationalen Handelskammer in Paris. Für die Durchführung sind zwei Banken erforderlich, die Bank des Importeurs, an die der Käufer den Kaufpreis überweist und die das Akkreditiv eröffnet und die Bank des Exporteurs, die von der eröffnenden Bank vom Akkreditiv verständigt wird. Nach Versand der Ware und der Vorlage entsprechender Dokumente überweist die Bank die Summe dem Verkäufer. Die beteiligten Banken befassen sich nur mit den Dokumenten und nicht mit den Waren oder Dienstleistungen, auf die sie sich beziehen. Die Zahlungen werden basierend auf die Dokumente geleistet, vollkommen losgelöst davon, ob eine Lieferung nun stattgefunden hat oder womöglich nur wertlose Objekte transportiert wurden. Unternehmen, die zu Geldwäschezwecken verwendet werden, müssen eine hohe Liquidität bei entsprechend konstanten Betriebskosten aufweisen. Bei einer eventuellen Prüfung dieser Betriebe kann das Einfliessen von gesetzwidrigen Geldmitteln nicht nachgewiesen werden. Besonders geeignet erweisen sich hierfür die Verkäufer von Luxusgütern: die Unternehmen können innerhalb eines Untergrundkonzerns Leistungen verrechnen, die der Umschichtung dienen (dies geschieht durch die fiktive und/oder überhöhte Ausstellung von Fakturen). Es erweist sich bei solchen Unternehmen äusserst sinnvoll, zum Zwecke der Strafverfolgung Branchen- und Unternehmenskennzahlen zu berechnen und auszuwerten. Bei signifikanten Abweichungen werden Checks unternommen, welche die Beurteilung der Besitzverhältnisse einschliesst. Auffallend erscheint die fehlende wirtschaftliche Komponente der Bankgeschäfte.

Die Fülle der Transaktionen wird nicht nur über Sitzgesellschaften durchgeführt, sondern besonders vorteilhaft erweist sich hier der internationale elektronische Zahlungsverkehr. Das Volumen der elektronischen Überweisungen wächst zusehends. Das Ziel ist, das Geld in einem anderen Land als den Offshore-Zentren enden zu lassen um dadurch die Integration unverdächtiger vornehmen zu können. Von dieser Phase der Geldwäsche sind Banken, Unternehmen und Offshore-Zentren betroffen und jeder trägt seinen Teil zum Erfolg der Umschichtungsphase bei. Das Zusammenspiel aller Faktoren wirkt sich natürlich erheblich auf die Strafverfolgung aus. Nach einer erfolgreichen Umschichtungsphase ist es fast unmöglich, den kriminellen Ursprung der Gelder festzustellen.

Formen der Integration

In der letzten Phase des Geldwäscheprozesses erfolgt die Anlage der ungesetzmässigen Gelder, wobei der Kunsthandel und die Wertpapierbranche bevorzugt werden. Die Neigungen zur Wertanlage decken sich mit denen des Durchschnittsbürgers und das Anlageverhalten wird dementsprechend angepasst. Die Unternehmen spielen in dieser Phase eine wichtige Rolle, weil durch Darlehen und damit verbundene Zinszahlungen Gelder regelmässig mit legalem Anschein transferiert werden können. Ziel der Integrationsphase ist den ursprünglich illegitimen Geldern zu einer neuen Herkunft zu verhelfen. Gezielte Über- oder Unterbewertungen führen zu diesem Ziel. Bei Unterbewertungen finden der Kauf von Vermögenswerten zu einem geringen Preis und der spätere (wertgerechte) Verkauf statt. Die Formen der Überbewertung finden zumeist im Kunsthandel statt: durch hohe Bargeldsummen wird kein Aufsehen erregt, da diese gebräuchlich sind. Die Anlage der Gelder in Wertpapiere stellt in dieser Phase einen wichtigen Faktor dar, weil die meisten Wertpapiere als Inhaberpapiere emittiert und gehandelt werden - und somit weitgehende Anonymität gewährleisten. Ausserdem sind sie dank des täglichen Börseverkehrs jederzeit verfügbar.

In der Integrationsphase ist die Ermittlung der Herkunft der Gelder mit erheblichen Schwierigkeiten verbunden. Es ist fast nicht feststellbar ob die Gelder einen kriminellen Ursprung haben. Oft werden die beanschuldigten Gelder mit den legalen Einnahmen vermischt und zusammen angelegt. Eine weitere Schwierigkeit stellt die Abgrenzung zur Verschleierungsphase dar, weil längerfristige Anlagen sowohl hier als auch in der Integrationsphase vorkommen können. Die Übergänge sind fliessend und Anlagen oder Techniken können beiden Phasen zugeordnet werden. Durch Darlehen und den damit verbundenen Zinszahlungen werden je nach Bedarf innerhalb von weltweit vertretenen Konzernen Gelder ex- beziehungsweise importiert. Die Unternehmen im Konzern vergeben nicht bloss untereinander Kredite, sondern übernehmen ebenso Bürgschaften für Darlehen bei Banken. Nicht nur die Zinszahlungen sondern alle Aufwandsposten einer Unternehmung sind für die Geldwäsche geeignet, sofern sie eine internationale Geldüberweisung nach sich ziehen (beispielsweise Lohnzahlungen an fiktive Mitarbeiter im Ausland). Die Anlagen in dieser Phase haben kostendeckend und gewinnbringend zu sein und dienen häufig der Altersvorsorge, der Vermögenssicherung, als „stille Reserve" für unrechtliche Geschäfte oder dem Aufbau von Strukturen für kriminelle Tätigkeiten. Die Gelder werden weiters in Immobilien investiert welche eine längerfristige Bindung des Kapitals zur Folge haben - sofern die Täter bestrebt sind, das Geld wertbeständig anzulegen. Bei der Investition in Finanzanlagen wird eine konservative Anlagepolitik verfolgt: das Kalkulationsrisiko wird damit gering gehalten, weil der Hauptanteil der Vermögenswerte der Altersvorsorge und Risikoabsicherung dient.

Durch die Anpassung der Geldwäschemethoden an neue Gegebenheiten, gestaltet sich die Strafverfolgung kompliziert. Die Vorgehensweisen sind nach Belieben kombinierbar und können bei modifizierten Rahmenbedingungen angepasst werden. Die geschulten Mitarbeiter von Finanzunternehmen stellen einen möglichen Zusammenhang oftmals nicht fest, da sie nicht die Mittel haben, alle Kundentransaktionen diesbezüglich zu untersuchen. Durch die Veränderungen im Zahlungsverkehr in den letzten Jahren von Bar-Transaktionen und persönlichem Geschäftsverkehr zu Geschäften mittels Bankomat- / Kundenkarte oder Electronic Banking fällt zunehmend der vormals übliche Kundenkontakt weg. Die Geldwäschebekämpfung, die auf den direkten Kontakt mit dem Kunden beruht, ist dadurch massiv erschwert. Die Geldübertragungen werden vollautomatisch abgewickelt und es besteht keine Möglichkeit mehr eventuellen Verdachtsmomenten zu begegnen. Die Banken selbst haben die Option, sich diesen erneuerten Bedingungen anzupassen und dadurch das Risiko des Missbrauchs zu senken, wodurch die Erstidentifikation des Kunden an Bedeutung gewonnen hat. Durch individuelle Kundenkarten mit dem persönlich zugeordneten Pin-Code, erfolgt eine elektronische Dokumentation, wodurch der „paper trail" sichtbar wird. Somit handeln die Banken gemäss den Identifikations- und Dokumentationspflichten.

Probleme mit Offshore-Ländern

Offshore-Zentren zeichnen sich durch fehlende oder ungenügende Regelungen im Bankensystem und der –aufsicht aus. Sie sind mit den Euromärkten zusammen entstanden, diese stellen eine Spezifität auf den internationalen Finanzmärkten dar. Die Offshore-Länder sind durch ein strenges Bankgeheimnis charakterisiert und ermöglichen Unternehmensgründungen mit geringem Aufwand. Häufig werden sie von einem Treuhänder vertreten, um damit die Anonymität des wirtschaftlich Berechtigten zu wahren. Das strenge Bankgeheimnis bringt eine Unterbrechung der Papierspur, da es den Behörden unmöglich ist, von den beteiligten Banken und Finanzdienstleistungsunternehmen Auskünfte einzuholen. Die Implementierung von Bekämpfungsmassnahmen gegen die Geldwäsche hätte eine Kapitalflucht aus den Offshore-Zentren zur Folge – daher entscheiden sich viele dagegen. Doch andere führen ihrerseits Massnahmen ein, um den Ruf auf den Finanzmärkten zu verbessern.

Zum Unterschied zu den nationalen Finanzmärkten wird auf den Euromärkten wird mit Währungen gehandelt, die ausserhalb des Ursprungslandes bestehen. Sie beinhalten alle internationalen Geld-, Kredit- und Kapitalmärkte. Der Name ist deshalb entstanden, weil die Transaktionen ursprünglich nur in den wichtigsten europäischen Finanzzentren abgewikkelt wurden. Die Offshore-Zentren sind mit der Entwicklung des Euromarktes verbundenen Internationalisierung des Bankgeschäfts aufgekommen. Die Offshore-Gebiete haben jedoch die Anpassung an die modifizierten Faktoren verabsäumt und schufen liberale bank- und steuerrechtliche Rahmenbedingungen, welche die Abwicklung spezieller internationaler Finanztransaktionen begünstigten. Zeitgleich mit der Internationalisierung des Bankgeschäfts erfolgte die Entwicklung neuer Finanzplätze (Offshore-Zentren). Es hat sich vermehrt gezeigt, dass weltweite Finanzgeschäfte nicht an einen bestimmten Platz gebunden waren: sie haben sich einerseits durch Innovationen als auch aufgrund moderner Vorschriften verlagert. Einige Gebiete erkannten die Vorteile, die mit der Abwicklung auf eigenen Territorium verbunden waren und griffen daher zu geeigneten Fördermassnahmen. Sie begannen, ihre liberalen Gesetzgebungen zu vermarkten und so entstand ein Wettbewerb diverser Staaten, um Anteile am internationalen Finanzgeschäft zu gewinnen.

Offshore-Gebiete können grundsätzlich in drei Bereiche eingeteilt werden. Die erste schliesst internationale oder primäre Offshore-Zentren ein, die den nationalen und internationalen Markt im Aktiv- und Passivgeschäft bedienen. Weiters werden die regionalen oder sekundären Offshore-Zentren zusammengefasst, welche entweder ausländisches Kapital auf den Inlandsmarkt (oder umgekehrt) leiten. Die letzte Gruppe wird als tertiäre Offshore-Zentren bezeichnet - die Kernkompetenzen bestehen in Offshore-Gesellschaften und –Banken wodurch der Inlandsmarkt nicht durch die Finanztransaktionen tangiert wird. Eine weitere Unterscheidung kann in „bank havens" und „company havens" getroffen werden: „Bank havens" ermöglichen die Gründung von Banken und Finanzinstituten ohne grosse Probleme, wohingegen bei „company havens" die problemlose Gründung von Scheingesellschaften im Vordergrund steht.

Die Offshore-Länder bieten bei der Aufnahme von Geschäftsbeziehungen absolute Anonymität. Diesen Weg nützen nicht nur Kapitalanleger, die ihr legales Einkommen beziehungsweise Vermögen vor der Steuerbelastung des Heimatlandes schützen möchten, sondern auch Geldwäscher. Die Offshore-Zentren werden in zwei Kategorien eingeteilt: im engeren Sinn gibt es weltweit über 80 solcher Zentren, sie besitzen keine oder nur unzureichende Melde-, Identifikations- und Sorgfaltspflichten, eine mangelnde Bankenaufsicht, ein sicheres Bankgeheimnis, weitgehende Steuerfreiheit und keine Steuerkontrollen, erkennen keine bilateralen oder multilateralen Rechtshilfe- und Auslieferungsabkommen an und weisen eine beträchtliche Zahl an Sitzgesellschaften auf. Im Gegensatz dazu sind sie im weiteren Sinne Finanzmetropolen, deren Regierungen die Geldwäsche bekämpfen.

Durch die Lockerung des Bankgeheimnisses und den Einsatz von Massnahmen zur Geldwäschebekämpfung wäre die Verlagerung der Gelder von einem Offshore-Zentrum in ein anderes die Folge. Die Schweiz als Finanzplatz wehrt sich dagegen, da eine Kapitalflucht gravierende Konsequenzen auf die Wirtschaft hätte. Der Finanzsektor macht in der Schweiz immerhin 14 Prozent des Bruttoinlandsprodukts aus und sichert damit etwa 220.000 Arbeitsplätze. Mit einem Geldabfluss würden die Banken Gebühren in Milliardenhöhe verlieren. Trotz verbesserter Aufsichtsmassnahmen im Kampf gegen die Geldwäsche waren diese aufgrund der verweigerten Teilnahme einiger Offshore-Zentren nicht erfolgreich. Doch ist die Kooperation für eine Unterbindung der Geldwäsche auf den weltweiten Finanzmärkten erforderlich und dafür müssen Filter in die Abrechnungssysteme der elektronischen Überweisungen eingebaut werden, die Privilegien bestimmter Berufsgruppen eingrenzen und die Optionen der Registrierung von Kapitalbewegungen ausweiten. Die Offshore-Gebiete sind deshalb mit Auflagen, Beschränkungen oder Verboten zu belegen, damit die Zusammenarbeit ausgebaut werden kann; und damit werden Vereinheitlichungen von Straftatbeständen, verstärkte Bankenaufsicht und eine Regulierung der Tätigkeiten von Clearing- und Wertpapierhäusern verbindlich. Eine Unterbrechung der Papierspur wird durch den strengen Geheimnisschutz, ungenügende Kundenidentifikationsvorschriften und das Fehlen von Auskunftspflichten gegenüber den Behörden ermöglicht. Durch diese Faktoren wird eine Aufsicht unmöglich.

Für Geldwäscher interessant sind vor allem kleine Staaten mit einem empfindsamen Bankgewerbe. Diese Staaten erschweren die Entdeckung krimineller Aktivitäten durch die schlecht funktionierende zwischenstaatliche Kooperation. Dies ist der Grund, warum sie illegales Kapital anziehen und ohne nennenswerten Widerstand in Kauf nehmen. Es wird sogar der Anschein erweckt, dass sie ihre Politik beinahe danach ausrichten, auf leichte Art ausländische Gelder in das eigene Land zu schaffen. Die Existenz von Offshore-Zentren ist im Kampf gegen die Geldwäsche erschwerend und die Anpassung an international anerkannte Standards ist daher eine weitere Zielsetzung. Die Platzierung in den Offshore-Zentren wird entweder über einen Mittelsmann oder über die Gründung einer der oben genannten Offshore-Gesellschaften getätigt. Diese werden allgemein umschrieben für Zwecke wie „Business services" oder „General trading" angegeben. Die weiteren Verschleierungshandlungen sind danach erheblich leichter möglich.

Für die Gründung einer Rechtspersönlichkeit werden an die Offshore-Zentren nur geringe Anforderungen gestellt Zusätzlich sind die Gründungskosten sehr gering und die jährlich anfallende Steuerbelastungen kaum von Belang. Dies ist wiederum ein Vorteil für den Geldwäscher, der Steuerumgehung als Ziel verfolgt. Die zu leistenden Steuern der Gesellschaften sind hauptsächlich Pauschalen, wobei es keinerlei Steuerkontrollmechanismen gibt. Den Unternehmen werden nur geringe Buchführungspflichten auferlegt, dadurch fehlen Aufzeichnungen zu den Vermögensverschiebungen und die Verfolgung wird noch unmöglicher gemacht. Die Offshore-Zentren eignen sich wegen ihrer rechtlichen Rahmenbedingungen sehr für die Gründung von Finanzinstituten oder sonstigen Gesellschaften. Die Anziehungskraft dieser Zentren wird durch ein gutes Transport- und Kommunikationswesen, die Lage an Drogentransportwegen oder eine relative politische Beständigkeit gefördert. Mit Offshore-Gesellschaften werden Prozesse erleichtert, von denen die Behörden des Heimatstaates keine Kenntnis erlangen sollten. Der Geldverkehr ist sicherer, rentabler und unkontrollierter möglich, und das umlaufende Vermögen ist nicht unterscheidbar von legalen Vermögensverschiebungen, Steuerflucht und deliktischen Gewinnen. Die Gründung dieser Unternehmen ist häufig staatlich gefördert und erwünscht. Durch die Zwischenschaltung von Offshore-Banken und –Firmen und reisst die Papierspur ab und sowohl Herkunft als auch Verwendung der Gelder ist mit nicht mehr nachvollziehbar. Die gegründeten Gesellschaften werden häufig mittels Rechtsanwälten, Steuer- oder Wirtschaftsprüfern vertreten, wobei die Personen hinter diesen Gesellschaften nicht in Erscheinung treten.

Auswirkungen auf das Finanzsystem

Wie bereits besprochen sind besonders Banken im Finanzsystem von der Geldwäsche betroffen, und zwar sowohl in ihrer traditionellen als auch in Form von Untergrundbanken. Die Banken führen einerseits die Überweisungen zum Zwecke der Geldwäsche durch, oder sie werden von den Geldwäschern mittels der (von den Banken selbst angebotenen) neuen Kommunikationsmedien durchgeführt. Aufgrund dieser Konstruktionen ist eine Strafverfolgung schwierig, da erstens der persönliche Kontakt zum Bankinstitut wegfällt und zweitens derzeit keine angemessenen Kontrollmechanismen existieren, die die getätigten Überweisungen überprüfen. Da Banken über wertvolle Informationen für die Geldwäscher betreffend Finanzanlagen verfügen ist dies gelegentlich ein Beweggrund, dass sie versuchen werden, entweder Einfluss in Banken zu gewinnen oder diese gänzlich zu übernehmen. Das Bankgeheimnis wird in Europa als Vertrauensverhältnis verstanden und schützt dadurch die Geschäftsbeziehung. Aus diesem Grund setzt die Strafverfolgung hier an, denn Geldwäsche hat nicht nur Auswirkungen auf den Finanzsektor und die Volkswirtschaft, die kriminellen Handlungen machen sich klarerweise auch in der Gesellschaft bemerkbar.

Geldwäsche und Terrorfinanzierung stellen eine wesentliche Bedrohung für das Finanzsystem dar – dadurch ist deren Unterbindung ein Kernelement im internationalen Kampf gegen Schwerkriminalität. Die Basis dafür bildet die zuverlässige Erkennung und damit die Unterbindung. Da die Geldwäsche immer mehr zunimmt, ist ein Schwerpunkt, die Methoden herauszufinden um dagegen effizient vorzugehen. Dazu zählen die ständige Untersuchung der Erscheinungsformen und der Einsatz von aktuellen und effektiven Gegenmassnahmen. Banken verfügen über die erforderlichen Ressourcen, die Umwandlung, die Übertragung und die Aufbewahrung von Geldern zu bewerkstelligen. Da sie weiters Bar- in Buchgeld transformieren, sind sie für die Geldwäscher in der Platzierungsphase von grosser Bedeutung. Die Investition und Verwaltung divergenter Vermögenswerte und Finanzierung von Kapitalbedarf ist für die Geldwäscher in der Verschleierungs- und Integrationsphase ein Vorteil. Und selbstverständlich bieten Banken dank globaler Kommunikations- und Transfernetze die Möglichkeit grenzüberschreitender Kapitaltransfers, welche besonders in der Verschleierungsphase Anwendung findet. Bemerkenswert ist bei Geldwäscheaktivitäten das rasche Verfügen über soeben eingezahltes oder überwiesenes Geld. Die Überweisungen erfolgen im Bankwesen mittels SWIFT (Society for worldwide Interbank

Financial Telecommunication). Dies erleichtert die oftmals durchgeführten „Kettentransaktionen" (hintereinander geschaltete Überweisungen über mehrere Ländergrenzen hinweg).

Banken werden durch ihre Aufgabe als Kapitalsammelstellen und Intermediäre des Zahlungsverkehrs ebenfalls zur Geldwäsche verwendet. Sie besitzen genaue Informationen über ihre Kunden, Branchen und Märkte. Somit ist die organisierte Kriminalität äusserst interessiert, Einfluss in die Banken zu nehmen. Eine Übernahme der Bankhäuser kann mittels der personellen Besetzung der Führungspositionen, durch die Übernahme von Aktien oder Gesellschaftsanteilen oder durch die Neugründung von Banken und Finanzierungsgesellschaften geschehen. Um die inkriminierten Gelder in den legalen Finanzkreislauf einzubringen, ist die Nutzung des gesetzeskonformen Bankensystems unausweichlich. Durch ihre hohe Effizienz und Verschwiegenheit spielen die Banken in allen Phasen der Geldwäsche eine tragende Rolle. Die Geldwäscher nützen zusätzlich die Dienstleistungen der „nicht-traditionellen Finanzinstitute", da der herkömmliche Sektor, der den Hauptteil der Finanzgeschäfte besorgt, mehr Kontrollen unterworfen ist. Dem gegenüber sind nicht-traditionelle Finanzinstitute jene Unternehmen, die bankähnliche Dienstleistungen anbieten oder sonstige Geschäfte ausserhalb des geregelten Finanzsektors erledigen. Geld- und Finanzberater, die dem Risiko der Geldwäsche ausgesetzt sind, werden als Torwächter bezeichnet. Die FATF-Mitglieder setzen Massnahmen, welche die Torwächter zu den kundenbezogenen Sorgfaltspflichten, der Buchführung und der Berichterstattung über bedenkliche Transaktionen verpflichten. Dadurch sollen die festgestellten Schwachstellen oder Gefahren in diesem Sektor verringert werden, um Geldwäsche und Terrorfinanzierung konsequent und nachhaltig entgegen zu wirken.

Die Geldwäscher dringen in die Tätigkeitsfelder der rechts- und steuerberatenden Berufe ein, um sich deren Berufsgeheimnisse zu Nutze zu machen. Sie benützen die Vertreter dieser Berufsgruppe zum Entgegennehmen, Verwahren und Parken von Geldern auf Konten (beispielsweise Treuhandkonten). Die Geldwäscher können somit Aufträge zum Erwerb von Immobilien oder anderen hochwertigen Gütern, auf Rechnung des Freiberuflers, geben und Transaktionen wie etwa Unternehmensgründungen, durchführen zu können ohne dabei den richtigen Eigentümer nennen zu müssen. Banken können weiters Opfer der Geldwäsche werden, indem sie Geschäftsverbindungen mit Instituten eingehen, die praktisch der organisierten Kriminalität zuzurechnen sind. Dadurch verlieren im geschäftlichen Umgang zwischen Banken und Unternehmen neben Verbindlichkeit auch die ausgetauschten Informationen an Zuverlässigkeit. Der Zusammenbruch von Banken, welche der organisierten Kriminalität zuzuordnen sind, kann negative Effekte auf das Image eines Bankenstandortes erwirken. Durch gefälschte Bilanzen von Unternehmen können den Banken die wirkliche wirtschaftliche Lage verschleiert werden und dadurch möglicherweise Kredite an kriminell tätige Unternehmen vergeben werden. Ein zusätzliches Problem bei der Kooperation mit solchen Unternehmen stellt die verringerte Transparenz der Zahlen und die Abnahme der Informationsbereitschaft durch die Kunden dar.

Die Banken lassen sich nach dem Grad ihrer Seriosität in drei Bereiche einteilen: Erstens jene, die ohne ihr Wissen in Geldwäschevorgänge integriert sind. Diesen Instituten ist es nicht möglich, Geldwäschevorgänge zu erkennen und sie stellen die Mehrheit dar. Die zweite Gruppe schliesst jene Banken ein, die ihr Hauptgeschäft im gesetzlichen Rahmen abwickeln aber mit Verbrechensorganisationen zusammen arbeiten. Den letzten Bereich bilden kriminell tätige Banken, die das bankübliche Geschäft nur nebenher betreiben. Die Gefahr der Banken, bei Geldwäsche gefasst zu werden, wird als „Rufschädigungsrisiko" oder „Reputationsrisiko" bezeichnet. Es hängt von verschiedenen Faktoren ab, wie zum Beispiel das nationale Umfeld, welches das Ansehen, das politische Gewicht eines Bankenplatzes und das Regulierungssystem umfasst. Die einzelnen Gesellschaften können mehrere Massnahmen tätigen, um dieses Rufschädigungsrisiko einzugrenzen. So können etwa interne Kontrollen eingeführt oder kritische Beziehungen ausgelagert werden. Die Finanzgesellschaften können präventive Öffentlichkeitsarbeit leisten, um nach aussen hin die Bemühungen zur Verhinderung der Geldwäsche zu belegen. Wird ein Fall von Geldwäsche publik, werden diese Banken professionelle Public Relations und Konfliktmanagement betreiben. Das Eingestehen von Fehlern, das Entlassen der Verantwortlichen und deren Schuldigbekennung vor Gericht sorgen für ein schnelles Vergessen der negativen Schlagzeilen. Ist die Berichterstattung aus den Medien erst einmal verschwunden, bekommt die Öffentlichkeit wieder das Gefühl dass alles wieder seinen korrekten Lauf nimmt.

Es liegt in der Natur der Banken, dass sie grundsätzliches Vertrauen von den Einlegern, den Gläubigern und des Marktes generell voraussetzen. Das Reputationsrisiko stellt von diesem Blickpunkt für die Banken eine wesentliche Bedrohung dar. Es wird als die Gefahr bezeichnet, dass negative Publizität über das Geschäftsgebaren und die –verbindung einer

Bank das Vertrauen in die Integrität des Institutes beeinträchtigen – mögen diese stimmen oder nicht. Die Banken müssen sich durch permanente Wachsamkeit gekoppelt mit einem wirksamen System der Kundenidentifizierung vor diesem Risiko schützen, da sie leicht von ihren Kunden als Instrument für illegale Tätigkeiten benutzt und damit Opfer werden können. Die Verwendung des Finanzsektors durch Geldwäsche wurde zu einem unternehmerischen Wagnis für Finanzinstitutionen, das nicht mehr ausser Acht gelassen werden kann. Gesetzgeber und Behörden verstärken die Gesetzgebung und Regelungen zur Verringerung von Geldwäsche. Die Banken haben sowohl eine moralische als auch eine gesetzliche Verpflichtung zur Verhinderung, sodass Kriminelle sich Vorteile von ihren Aktivitäten verschaffen. Gleichzeitig geht die Internetentwicklung mit hoher Geschwindigkeit voran und gestattet den Nutzern die Durchführung von Transaktionen ohne direktes Mitwirken von Banken.

Durch das spezielle öffentliche Interesse, das Banken aufgrund ihrer gesamtwirtschaftlich relevanten Funktion erregen, werden ihnen strenge behördliche Aufsichten auferlegt. Banken sind bei den bisher umgesetzten Massnahmen der Geldwäschebekämpfung zum Beispiel verpflichtet, Daten und Informationen für die Ermittlungsbehörden zu erheben und weiterzuleiten. Diese versuchen, über Melde- und Dokumentationspflichten die Banken somit als Informationsquelle zu nutzen, um verdächtige Kunden heraus zu finden. Die Banken werden eigentlich gezwungen, gegen ihre Interessen zu handeln, denn vordergründig sind sie nicht bestrebt den Ruf zu erlangen, besonders hart und effektiv gegen Geldwäscher vorzugehen. Damit halten sie die Geldwäscher der organisierten Kriminalität, den Kundenkreis der „halblegalen" Geschäftemacher, Spekulanten, Kleinkriminelle und Steuerhinterzieher ab. Der Verlust dieser Kundengruppe könnte allerdings zu bedeutenden Gewinneinbussen führen. Die Durchsetzung der Massnahmen ist damit nur unter Androhung von Sanktionen - oder Belohnungen - zu erreichen, denn die Banken werden aufgrund eigener Kosten-Nutzen-Analysen das Mass ihrer Beteiligung an der Geldwäschebekämpfung definieren. Sie werden ihr persönliches Interesse am Grad der Geldwäschebekämpfung entwickeln, wenn es dabei um den Ruf einzelner Bankhäuser oder um das Image eines gewissen Bankstandortes geht. Durch die Publicity von Geldwäschefällen kommt es zum Verlust des Vertrauens der Kunden, die sich in Folge von solchen Banken abwenden werden. Dies geht so weit, dass mittlerweile einige Offshore-Plätze Schritte der Geldwäschebekämpfung einleiten, damit sie ihren Ruf wieder aufwerten können. Das Problem besteht darin, dass die Banken keine Kunden abschrecken wollen indem sie nicht den Ruf innehaben wollen, besonders hart gegen Geldwäscher vorzugehen. Andererseits müssen sie das Vertrauen ihrer Kunden bewahren, indem sie nicht den Eindruck vermitteln, eine Bank der Geldwäscher und organisierten Kriminalität zu sein.

Berufs- oder Geschäftsgeheimnisse stehen den behördlichen Ermittlungsbehörden oft im Weg. Speziell das Bankgeheimnis, welches im Interesse der Aufdeckung von Bankgeschäften, die der Geldwäsche dienen, der Aufspürung von illegal erworbenen Vermögenswerten und deren Beschlagnahmung sowie zur Überführung von Straftätern, die sich der Geldwäsche schuldig gemacht haben, muss durchbrochen werden. Es ist grundlegend, dass ein Vertrauensverhältnis zwischen Kunde und Bank beruht und ist ein Ausdruck der Privatsphäre, so dass es durch das Gesetz besonders geschützt wird. Ein Missbrach der Berufsgeheimnisse, insbesondere des Bankgeheimnisses, darf unter dem Vorwand der Geldwäschebekämpfung, keinesfalls stattfinden. Zu streng gehandhabte Identifizierungspflicht, vor allem bei persönlicher Bekanntschaft, wird vom unbescholtenen und unauffälligen Durchschnittskunden als übertriebene Vorsichtsmassnahme bewertet und kann unter Umständen das Vertrauensverhältnis reduzieren – zusätzliche, wenn auch untergeordnete Argumen-te liefern der Zeit- und Kostenfaktor.

Viele Banken haben Befürchtungen bezüglich der neuen innovativen Vorgänge im Zahlungsverkehr. Die Folge ist eine möglicherweise reduzierte Bargeldnachfrage mit dem Anstieg des Geldvolumens sowie eine Zunahme der Aktivitäten im Bereich des internationalen Bank- und Investmentgeschäftes. Mit der Einführung neuer Zahlungsmechanismen sank der Prozentsatz der Zahlungen mit Bargeld. Wenn die Nachfrage nach Bargeld aber abnimmt, so sinken die Einflussmöglichkeiten der Privatbanken durch den Kreditschöpfungsprozess und die Kontrollen der Zentralbank. Unter anderem durch die Implementierung elektronischer Kredit- und Debitkartenzahlungen ist der Prozentsatz an Bargeld im Umlauf in den letzten dreissig Jahren drastisch gesunken. Der Bargeldanteil wird nochmals wesentlich reduziert und diese Tatsache ist bedenklich, da die Bargeldversorgung als Sicherungsinstrument zur Kontrolle der Geldwertstabilität dient. Zusätzlich offerieren Nichtbanken eigene Zahlungsmechanismen mit eventuell benötigten Kreditlinien. Das führt dazu, dass neue Geldformen von Nichtbanken ausgegeben werden, obwohl viele dieser Geldformen Bargeld ersetzen. Mit der Ausgabe von chipkartenbasierten Wertkartensystemen werden die Aufgaben der Zentralbanken an Privatbanken und anderen Unternehmen abgetreten. Die Zentralbanken verlieren damit einen Teil ihres Einflusses, doch könnten diese die Kontrolle der elektronischen Währungen übernehmen, so könnte die Geldwäsche effektiv bekämpft werden.

Die Geldwäsche und Terrorfinanzierung hat nicht nur umfangreiche Auswirkungen auf das Finanzsystem, denn es können sogar Gemeinschaften und ganze Nationalökonomien dadurch destabilisiert werden. Mit entsprechenden Massnahmen reduzieren Finanzinstitutionen das Risiko der Geldwäsche – diese ihrerseits setzen Profis für Beratung und Dienstleistungen ein, um ihre finanziellen Transaktionen zu gewährleisten. Anwälte, Notare, Rechtsprüfer und andere vergleichbare Berufsgruppen helfen ihren Kunden, ihre Finanzangelegenheiten zu organisieren und zu managen. Sie geben Tipps für eine optimale steuerliche Situation und beraten bei Investments, Firmengründungen, Konzernen und anderen gesetzlichen Vereinbarungen. Zum Teil tätigen sie im Auftrag ihrer Kunden bestimmte Finanztransaktionen und die Erfahrung der Profis kann die Ausarbeitung von Systemen verbessern, mit deren Hilfe kriminelle Einkünfte legalisiert werden. Ebenso wird die Auswahl der Gesellschaften und Offshore-Plätze durch ihre Unterstützung erleichtert.

Mit Hilfe des Internet Banking wird die Möglichkeit zum Zugang zu Auslandsinvestitionen nicht nur Unternehmen und Grossanlegern gegeben. Eine Folge ist die stetige Verlagerung von Finanzvermögen in fremde Gebiete, da Bankgeschäfte weltweit über das Internet rasch und auf einfachem Wege durchführbar sind. Geldwäsche nimmt vermehrt internationale Dimension an, denn die Gelder werden über Ländergrenzen physisch oder elektronisch transferiert. Diese Tatsache ist ein Hindernis für die Ermittlungsbehörden, denn die Geldwäscher haben aufgrund dieser Tatsache steuerliche und gesetzliche Vorteile. Selbst die Absatzorte der gehandelten Waren stimmen nicht mehr mit den Orten der Produktion und Weiterverarbeitung überein. Die Verwendung des internationalen Geld- und Warenverkehrs wurde früher durch Zoll- und Grenzvereinbarungen und –kontrollen erheblich erschwert. Durch Freihandelszonen und internationale Abkommen werden die Zoll- und Handelsschranken abgebaut und jede Liberalisierungsmassnahme entlastet die Tätigkeiten der Geldwäscher.

Die Geldwäscher sind daran interessiert, wenigstens einen Teil der illegalen Gewinne aus dem Land der kriminellen Tat vorübergehend oder dauerhaft ins Ausland zu bringen, wodurch die Beschlagnahme der Gelder durch Strafverfolgungs- und Finanzbehörden verhindert werden soll.

Offshore-Zentren dienen dabei als bevorzugte Sammelstellen im Rahmen der Geldwäsche. Für die Geldwäsche und Terrorfinanzierung werden verschiedene Techniken und Mechanismen eingesetzt. Tarnfirmen sind Unternehmungen welche Geschäfte betreiben, bei denen illegale Profite mit Einkommen aus gesetzlichen Geschäften vermischt werden. Im Gegensatz dazu sind Scheinfirmen Gesellschaften ohne Substanz oder geschäftlichen Zweck; sie sind eingetragen und dienen dazu, die wahren Besitzer von Geschäftskonten und Vermögenswerten zu kaschieren. Für Überweisungen können inoffizielle Geld- oder Werttransfersysteme genutzt werden wie beispielsweise Hawala. Natürliche Personen können zu Geldwäschezwecken missbraucht werden, indem sie Transaktionen in ihrem Namen durchführen um dadurch die Finanzquelle und die –inhaber geheim zu halten. Oft ist es erforderlich, die Bareinzahlungen oder den Kauf von Bankschecks bei verschiedenen Geldinstituten durch mehrere Personen durchzuführen, um die Geldübertragungen unterhalb der meldepflichtigen Grenze liegen. Schlussendlich kann natürlich auch mit Hilfe von Kreditkarten, elektronischen Finanztransfers und Geldschmuggel, Geldwäsche betrieben werden. Das Bankensystem tritt wegen der zentralen Position im Geld- und Kreditwesen, in der Vermögensverwaltung und im (internationalen) Zahlungsverkehr als Mittelpunkt der Geldwäsche auf. Die häufig eingesetzten Untergrundbanken verfügen nicht über die gleiche Effizienz und Ausstattung wie das legale Bankwesen. Das Untergrundbankensystem ist dafür preiswert, äusserst zuverlässig, einfach und anonym. Ausgehend von Asien hat es sich inzwischen bis nach Europa verbreitet. Je nach Qualität des Bankensystems wird es in einigen Regionen häufiger verwendet als das offizielle Bankensystem.

Die Geldwäsche muss nicht über den ursprünglichen Finanzsektor abgewickelt werden, denn inoffizielle Geld- und Werttransfersysteme werden immer mehr verwendet: insbesondere das Hawala-System, welches nachfolgend näher beschrieben werden wird. Im Allgemeinen finden solche Geldübertragungen nicht im herkömmlichen Bankensystem statt. Die ausführenden Unternehmen sind keine Banken, sondern es handelt sich um Firmen, deren hauptsächliche Geschäftsaktivität nicht in der Überweisung von Geldern liegt: sie können mit dem offiziellen Bankensystem in Verbindung stehen und werden als „alternative Überweisungsdienste" oder „Underground-/parallele Bankensysteme" definiert. Diese Unternehmen bewegen Gelder, hinterlassen dabei aber keine leicht rückverfolgbare Spur.

Hawala banking bezeichnet so ein Untergrundsystem, indem die darin integrierten Unternehmen die Weiterleitung von Geldern als Dienstleistung anbieten. Diese Vorgehensweise findet bei Steuerhinterziehung und dem Umgehen von Devisenbestimmungen Anwendung. Die Transaktionen werden als Scheingeschäfte oder unternehmensinterne Überweisungen definiert. Hawala banking ist eine Form von Parallelsystem zum offiziellen Bankgeschäft; Geldwäscher nutzen für sich die Vorteile des modernen Zahlungsverkehrs gleichermassen wie im Finanzdienstleistungsgewerbe und somit kann Hawala als alternatives Geldübertragungsnetz verwendet werden. Um die Transaktion zu sichern werden Codes angewendet: die auszahlende Stelle wird von der Transaktion per Telefon, Fax oder E-Mail verständigt und der Begünstigte muss in Folge den Code nennen um das Geld zu erhalten. Alle zwanglosen Geldübertragungsnetze (Untergrundbankensysteme) charakterisieren sich im Mangel an Aufzeichnungen, Kundenidentifizierung oder Durchführungsversehen und liefern damit das Potenzial für den Missbrauch durch Kriminelle.

Einige Untergrundbankensysteme haben eine lange Tradition in verschiedenen Einflussbereichen und Kulturen. In manchen sind sie dem westlichen Bankensystem voraus wie beispielsweise das Untergrundbankensystems Hawala und Fei Chien. Das Hawala-System wird meist nicht mit Südasien assoziiert, sondern eher mit Indien und Pakistan. Das Fei Chien System wurde während der Chang Dynastie eingerichtet um beachtliche Summen an Bargeld auf Handelsreisen zu vermeiden. Die zwei Hauptfunktionen von Untergrundbankensystemen sind Geldtransfers und Vertrauen. Sie sind insbesondere geeignet für Menschen, die mit strafbaren und / oder legalen Gütern und Dienstleistungen in der gesetzlichen und / oder Schattenwirtschaft handeln. Das macht es so kompliziert, dem Untergrundbankensystem entgegen zu wirken. Der zweite bedeutende Faktor ist das Vertrauen: der Handel mit Waren und Dienstleistungen setzt das Vertrauen in unterschiedlichen Stufen voraus. Im Bankenbereich ist das Vertrauen von besonderer Relevanz. Hawala und Fei Chien werden häufig eng mit Kultur und Gesellschaft verbunden.

Die verzweigten Systeme der Geld- oder Werttransfersysteme bestehen parallel zu herkömmlichen Finanzdienstleistern. Als Kernkompetenz haben sie den Transfer von Finanzmitteln inne und werden als alternatives Transfersystem oder Underground Banking definiert. Im Mittelpunkt steht die Überführung von legitim erworbenen Geldern von einem Ort zum anderen. Der Prozess ausserhalb der traditionellen Finanzkontrollstrukturen macht sie anfällig gegenüber Terroristen und anderen Geldwäschern, die ihr Vermögen transferieren wollen. Das Untergrundbankensystem verfügt über ein weltweit flächendeckendes Zweigstellennetzwerk und bildet ein analoges Verrechnungssystem zum offiziellen Bankensektor. Sie führen weiters Gewerbebetriebe, überweisen Gelder ohne Buchungsunterlagen und Belege mittels kodierter Mitteilungen – dies garantiert eine völlige Anonymität durch den Wegfall der Papierspur. Obwohl die Verrechnung mittels Kompensationsgeschäften, also der Verringerung der tatsächlichen Kapitalbewegungen, stehen diese Systeme nicht mit der Effizienz und Geschwindigkeit des legalen Bankensystems in Konkurrenz.

Durch den weitverbreiteten Gebrauch elektronischer Zahlungssysteme existieren Bedenken, dass diese zum Zweck der Geldwäsche und Steuerhinterziehung missbraucht werden. Diese Entwicklung könnte zum Verlust der Kontrolle über das Geschehen in den Wirtschaftskreislauf führen und hätte den Einnahmeverlust für einzelne Regierungen als logische Folge. Für Geldwäscher und andere kriminelle Aktivitäten sind die neuen Zahlungssysteme vor allem dann nützlich, wenn die Zurückverfolgbarkeit von Zahlungen ausgeschlossen werden kann, denn eine Kontrollmassnahme diesbezüglich würde sehr stark in die Privatsphäre einer Person eingreifen. Bei elektronischen Zahlungssystemen wird nie ganz die Anonymitätsstufe von Papier- und Münzgeld erreicht - ein Höchstmass an Datenvertraulichkeit und Benutzeranonymität ist daher erwünscht. Der internationale Wertpapierhandel bietet durch die Klarheit der Abwicklung (über das Internet) eine attraktive Möglichkeit für Anleger. Ein weiterer Vorteil ist, dass die Landesgrenzen nicht ausserordentlich beachtet werden müssen; all diese Attribute machen den Handel mit Wertpapieren für Geldwäscher interessant. Der Wertpapierhandel gestattet nicht nur die Geldwäsche, er ermöglicht darüber hinaus, einen zusätzlichen Profit aus diesem Betrug mit Wertpapieren zu erlangen. Die Grösse des Wertpapiermarktes in einigen Finanzzentren lässt Geldwäsche im grossen Stil zu; der Zugang erfolgt mit Hilfe eines Wertpapiermaklers, der für die Transaktionen eine Provision erhält. Es besteht der Verdacht, dass einige Effektenmakler ihren Verpflichtungen zur Kundenidentifikation nicht nachkommen da sie annehmen könnten, dass die Überprüfung schon über die Finanzinstitute erfolgt ist.

Der Vorteil im Wertpapierhandel liegt darin, dass innerhalb kurzer Zeit Käufe und Verkäufe durchgeführt werden können. Den Maklerunternehmen gehören weltweite Vertretungen, und der Markt charakterisiert sich durch immenses Konkurrenzdenken. Dies führt zu einem schwierigen

Nachweisen der Geldwäsche. Es werden Massnahmen gefordert, die in Kooperation mit den Börsen und anderen zuständigen Stellen stehen, um die Bekämpfung der Geldwäsche auf diesem Gebiet zu verbessern. Wechselstuben, die zu Geldwäschezwecken dienen, haben ihrerseits denjenigen Vorteil, dass sie bei Banken Konten führen. Sie arbeiten mit der organisierten Kriminalität zusammen, oder befinden sich sogar in deren Eigentum. Die Einzahlung des illegalen Geldes erfolgt zusammen mit der Tageslosung auf diesen Bankkonten. Dazu im Gegensatz bilden Money Transmitter Unternehmen, die selbst Geldtransfers ins Ausland anbieten. Zu ihren Filialen zählen bisweilen ebenfalls Wechselstuben. Durch das Abkommen mit den internationalen Filialen wird die Option gegeben, Gelder in Sekundenschnelle zu überweisen.

Im Versicherungssektor erfolgt die Geldwäsche über Verträge mit Einmalzahlungen. Die Geldwäscher lösen die Polizzen verfrüht auf und lassen sich von der Versicherungsgesellschaft einen Scheck ausstellen. Damit ist die gesetzliche Herkunft des Geldes gesichert. Das Problem, das sich hierbei stellt ist, dass die Versicherung zumeist über einen Vermittler abgeschlossen wird und lediglich dieser hat persönlichen Kontakt zum Kunden. Auffällig ist in jedem Fall eine Barzahlung beim Abschluss der Versicherung, vor allem, wenn die Höhe der Prämie oft in keinem passenden Verhältnis zum angegebenen Beruf oder Einkommen des Kunden steht.

Die Schäden, die durch die Geldwäsche entstehen, betreffen also nicht nur das Bankensystem. Die gesellschaftlichen Einbussen reichen von Drogenabhängigkeit und Kriminalität bis zu Korruption und Bestechung. Nicht an letzter Stelle steht der Einfluss der Geldwäsche auf die Rechtsordnungen der betroffenen Staaten.

Parallelen zur Internetentwicklung

Das Internet ist ein Medium, das in den letzten Jahren einer sehr dynamischen Verbreitung unterlegen ist. Diese Ausbreitung zeigt Effekte auf das Finanzsystem, in dem Überweisungen mit einer hohen Geschwindigkeit getätigt werden können – doch hinterlassen diese zum Nachteil der Geldwäscher eine Papierspur, falls diese nicht durch eine Behebung unterbrochen wurde. Die Strafverfolgung ist wegen der elektronischen Papierspur aus Datenschutzgründen schwierig: die Kontrollmöglichkeiten durch die Banken und ihrer Mitarbeiter sinken, da die Geldübertragungen automatisch weitergeleitet werden und keine Überprüfung zu durchlaufen brauchen. Die Einführung eines Überwachungssystems würde allerdings die persönliche Freiheit der einzelnen Kunden wesentlich beeinflussen. Die Banken versuchen über den Einsatz elektronischer Geldformen Effizienzgewinn, Qualitätssteigerung, Erweiterung der Produktpaletten, Kostensenkung, und Kundenbindung zu erreichen. Eine Senkung der Debitoren- und Bargeldrisiken steht im Vordergrund, während den Anwendern der erhöhte Komfort durch weniger Kleingeldhaltung und bequeme Budgetkontrolle wichtig ist.

Das Internet verhilft nicht nur den Geldwäschern selbst, sondern erleichtert bereits die Planungsphase, da es ein internationales, öffentliches und grossteils anonymes Kommunikationsmedium darstellt. Räumliche Distanzen können dadurch einfach überwunden werden und dies bringt eine Globalisierung der Finanzmärkte. Die Kontoeröffnung im Ausland und die sowohl rasche als auch unbemerkte Möglichkeit, Gelder weltweit zu überweisen ist ohne weitere Schwierigkeiten durchführbar. Über das Internet können zusätzlich Tarnungen effektiver als bisher bewerkstelligt werden. Für die Kontoeröffnung und Kontoführung bieten sich Offshore-Zentren an, die lediglich wenig Regelungsdichte aufweisen. Da unterschiedliche Richtlinien der Länder einerseits und die Internationalität der Geldwäsche andererseits vorliegen, kann von einem weltweiten regulatorischen Vakuum gesprochen werden. Es fehlt zur Gänze eine technische Infrastruktur in Bezug auf das Internet zur Überwachung beziehungsweise Kontrolle. Die Wege des Missbrauches von Computersystemen steigen mit der Anzahl der Computer, wodurch die Weiterentwicklung der Präventivmassnahmen unentbehrlich wird. Die Verbreitung des derzeitigen internationalen Datenübertragungssystems, insbesondere im Bereich der Finanztransaktionen, trägt das Risiko, dass immer mehr Personen unmittelbaren Zugang zu automatisierten Diensten bekommen.

Elektronisches Bargeld bringt für die Geldwäsche den Vorteil einer bequemen Option, ihre Gelder zwischen verschiedenen Konten und / oder Ländern zu transferieren. Es gibt für Geldwäscher viele Wege, elektronisches Bargeld zu nutzen. Es können Mittelsmänner eingeschaltet werden um die Identität des Empfängers geheim zu halten, denn diese geben das Geld eventuell in realem Wert weiter, wenn bei einer nochmaligen Überweisung ein Nachweis bestehen würde. Diese Version der Geldwäsche ist sicher keine neue Erscheinungsform, da die gleichen Resultate mit Hilfe eines internationalen Überweisungsauftrages zugunsten eines Dritten erreicht werden. Geldüberweisungen auf telegraphischem Weg sind schnell und wirksam, da keine physische Geldbewegung stattfindet: die Verschleierung kann somit bewusst durchgeführt werden. Durch Konstruktionen wie SWIFT wurde es ermöglicht, dass täglich umfangreiche Transaktionen effizient und zuverlässig abgewickelt werden können, wobei ein persönlicher Kontakt zwischen Bankangestellten und Kunden nicht mehr stattfindet. Elektronische Zahlungssysteme bieten Geldübertragungen eine erhöhte Sicherheit, da die einzelnen Überweisungen mittels elektronischer Aufzeichnungen verfolgt werden können. Die Geschwindigkeit der Prozesse bildet andererseits ein Hindernis für die Ermittlungsbehörden für die Bekämpfung von Geldwäsche und Terrorfinanzierung.

Bargeld an sich kann dafür weiter gegeben werden ohne dabei irgendwelche Spuren zu hinterlassen. Der elektronische Transfer von Beträgen, der wohl in Sekundenschnelle weltweit erfolgt, bringt den Nachteil der Papierspur. Allerdings ist aus Gründen des Datenschutzes die Kontrolle der elektronisch verarbeiteten Daten nicht unproblematisch. Ermittlungsbehörden stehen vor der Aufgabe, dass Salden auf Kontoauszügen nicht wirklich fassbar sind und dass sie somit keinesfalls direkte Beschlagnahmungen vornehmen können. Transfers von Finanzinstitutionen unterliegen unterschiedlichen Aufzeichnungspflichten und Regelungen zur Weitergabe von Angaben. Doch ist erst ein Netzwerk zur Verschiebung von Geldern aufgebaut, können die verschiedenen Überwachungsbestimmungen durchaus umgangen werden.

Die rasche Entfaltung der neuen Technologien und ihre massive Verbreitung erfordert die Beobachtung dieses Bereiches unter dem Aspekt der Geldwäsche. Geldkarten, wie beispielsweise die elektronische Geldbörse, bieten ein hervorragendes Geldwäschepotential, da sie eine anonyme Zahlung erlauben ohne dabei eine Papierspur zu hinterlassen. Der Unterschied bei diesen Karten liegt bei personalisierten Geldkarten (wie etwa die Bankomatkarte mit Geldbörsefunktion) oder nicht personalisierten Wertkarten (ausschliessliche elektronische Geldbörse). Bei der ersten Variante bleibt der Zahlungsvorgang selbst anonym, nur der Ladevorgang selbst bildet wegen der Online-Autorisierung eine Papierspur. Daher liegt bei der personalisierten Geldkarte keine Gefahr von Geldwäsche vor. Doch bei der zweiten Variante kann sowohl anonym geladen als auch gezahlt werden, womit durchaus Geldwäschepotential vorliegen könnte, sofern die Obergrenzen für Transaktionen der elektronischen Geldbörse angehoben oder ganz beseitigt werden würden (wobei manche Länder bereits jetzt schon eine hohe Obergrenze aufweisen).

Geschäftsbanken verfolgen nun diejenige Strategie, durch die Einführung des elektronischen Geldes die Dominanz des Bargeldes im Alltag zu verdrängen. Verschiedene Merkmale charakterisieren die Konzeption des Bargeldersatzes, zum Beispiel erfordert selbst das simpelste elektronische Geldsystem dennoch ein gut durchdachtes System technischer Komponenten. Ausserdem werden elektronische Daten immer Spuren hinterlassen – zum Unterschied von Bargeld, welches sich ohne personalisierte Merkmale übertragen lässt. Zur Unterstützung des Kampfes gegen die Terrorfinanzierung und gegen Geldwäsche ist es allerdings enorm wichtig, Informationen über die Person, welche Überweisungen tätigt, zu erheben und zu archivieren. Nur so können Finanzinstitutionen fragliche Transaktionen identifiziert und in Folge eingehende Analysen und Ermittlungen vorgenommen werden. Vollständige Informationen dienen den Ermittlungsbehörden klarerweise bei der Verfolgung. Da die herkömmlichen Überwachungsmethoden nicht beim Direktgeschäft verwendet werden können, steigert sich dort das Geldwäscherisiko. Bereits die Eröffnung des Kontos benötigt keine Anwesenheit des Kunden mehr und die Angaben des Kunden sind dadurch nicht weiter überprüfbar.

Telegraphische Geldüberweisungen werden oft für die Finanzierung von Terror angewendet. Bei zahlreichen grenzüberschreitenden Transfers existieren keinerlei Informationen zur Identifizierung der Person(en) oder Stelle(n), welche Überweisungen durchführen. Ein zusätzliches Problem bildet die Aufdeckung terroristisch genutzter telegraphischer Überweisungen, weil es sich lediglich um geringe Beträge handelt und weitere nützliche Informationen nicht mitgeliefert werden. Das Merkmal der grenzüberschreitenden Geldgeschäfte ist repräsentativ für die Geldwäsche. Die Gewinne werden an einer Stelle gesammelt und werden bereits vor der eigentlichen Wäsche über die Landesgrenzen geschafft, wobei in der Geldwäsche selbst häufig mehrere Länder involviert sind. Eine kürzere

Möglichkeit bilden die neuen Tendenzen im elektronischen Zahlungsverkehr, weil die Rahmenbedingungen, die manche Finanzzentren bieten, für die Geldwäscher besonders vorteilhaft sind. Daher spielen diese bei der Geldwäsche eine tragende Rolle. Die Guthabensübertragung kann auf elektronischem Wege deutlich rascher durchgeführt werden, doch obwohl die Prüfung der Inhaberdaten online und beinahe unmittelbar erfolgt, dauert es zeitweise mehrere Wochen, bis die Transaktion zwischen den Banken und allen weiteren involvierten Institutionen abgeschlossen ist. Die Überweisung selbst ist in wenigen Sekunden (inklusive Clearing) erledigt, und diese beschleunigte Geldumlaufsgeschwindigkeit führt zum Anstieg des verfügbaren Geldvolumens. Dies kann unter Umständen zu einem Anstieg der Inflation führen. Die tatsächliche Steigung der Umlaufsgeschwindigkeit ist jedoch wegen einer Menge an unterschiedlichen Faktoren lediglich schwer messbar.

Das Internet bietet sich sehr dafür an, mittels schneller Abwicklung von Überweisungen das Geld innerhalb kürzester Zeit ausser Landes zu schaffen. Diese Landesgrenzen bilden in der Strafverfolgung ein klares Hindernis, und zusätzlich können Kontostände nicht so einfach beschlagnahmt werden wie Bargelder. Das Geld kann im Zeitraum von der Entdeckung bis zur tatsächlichen Handlungen bereits längst weiter übertragen worden sein. Lediglich die hinterlassene Papierspur stellt einen wertvollen Anhaltspunkt für die Bekämpfung der Geldwäsche dar – ausser sie wurde einmal unterbrochen. Andererseits würde eine gänzliche Kontrolle von Überweisungen massiv in die Privatsphäre aller Personen eingreifen, die das System für ihre persönlichen Zahlungsaufträge nützen.

Bekämpfung und Massnahmen

Geldwäsche wird stets das Instrument bleiben, Geld aus ungesetzmässigen Taten in legales Vermögen zu wandeln. Die Bekämpfungsmassnahmen dagegen sind permanenten Verbesserungen unterworfen – und die Vorgänge der Geldwäsche werden ihrerseits auf die neuen Rahmenbedingungen angepasst. Die mikro- und makroökonomischen Konsequenzen stellen dabei erhöhte Anforderungen an die Geldwäschebekämpfung, zusätzlich gestaltet sich diese durch die Globalisierung der Finanzmärkte noch schwieriger. Zu beobachten sind Interessenskonflikte zwischen den Geldwäsche involvierten Akteuren – so haben insbesondere Offshore-Zentren wenig Interesse, das durch die Geldwäsche gewonnene Potenzial zu verlieren. Versuche von Harmonisierung in nationalen Legislaturen haben bisher nicht den gewünschten Erfolg gebracht, und so müssen Regelungen in weiter gegriffenen Branchen gesetzt werden (etwa der Versicherungsbranche, dem Wertpapierhandel oder Berufsgruppen, die einem Berufsgeheimnis unterliegen), um effizienter in der Bekämpfung zu werden.

Die Geldwäsche ist ein zentrales Thema, weil sie entscheidet, ob eine kriminelle Tat von Erfolg gekrönt ist. Das Geld bildet die Hauptursache der Straftat, somit liegt die Schlussfolgerung auf der Hand, dass eine direkte Bekämpfung von Verbrechen direkt die Menge an Geldwäsche reduziert. Die Geldwäsche wird sich in Zukunft sowohl in ihrer Form, als auch in ihrer Fliessrichtung und Umfang entwickeln. Die wirtschaftliche und gesetzwidrige Intelligenz des Menschen verhilft ihm zu ungeahnter Kreativität und Ideen um die Effizienz der Geldwäsche zu steigern. Der steigende illegale Weltmarkt ist von organisierter Kriminalität geprägt, sie setzt den Schritten zur Geldwäschebekämpfung eigene Massnahmen entgegen und nützen die Möglichkeiten von offiziellen und inoffiziellen Finanzmärkten. Dazu müssen grosse Mengen an Kontoverbindungen überprüft werden – hier stossen die Ermittlungsbehörden auf Treuhänder, Wirtschaftsprüfer, Anwälte und weitere Unterstützer.

Die Geldwäsche hat schwerwiegende Einflüsse auf den Wettbewerb, Zahlungsbilanzen, Geldmengen, Wechselkurse, Ressourcenallokation, Wachstum, die Marktkreise, Volatilitäten und weitere makroökonomische Variablen. Sowohl die Wirtschaft als auch die organisierte Kriminalität haben etwas gemeinsam: sie sind beides global wirkende Kooperationen, deren Zwänge auffallend ähnlich sind. Die organisierte Kriminalität wird für sich bürgerliche Verkehrsformen nutzen, wird politische Prozesse beanspruchen und dabei eine zusehends leistungsfähigere Einheit bilden. Und ihre Erfolgsausichten werden sich in der Form erhöhen, so sehr die Regierungen bereit sind, zu Ausführungsorganen zu werden: Geldwäsche und organisierte Kriminalität sind mit Sicherheit nicht charakteristisch für defizitäre oder strukturschwache Gesellschaften - sie verbreiten sich vielmehr in demokratischen, politischen Systemen.

Geldwäsche und Terrorismusfinanzierung sind sich sehr ähnlich, denn beide sind heimliche Finanztätigkeiten auf weltweiter Stufe. Die Finanzierung des Terrorismus unterscheidet sich von der Geldwäsche nur insofern, dass die Verbrecher einen Weg finden müssen, ihren gesamten illegalen Gewinn zu waschen, da Terrorismusfinanzierung sowohl gesetzliche als auch ungesetzliche Quellen des Kapitals umfasst. Die Ereignisse vom 11. September erweckten das Bedürfnis einer wirkungsvollen Strategie um die Finanzierung von Terroristentätigkeiten negativ zu beeinflussen. Doch der 11. September veränderte damit ebenso das Bild der Geldwäsche: Terroristen sind gleichermassen Benutzer des globalen Finanznetzes und der Gebrauch des Finanzsystems wird von ihnen darauf beschränkt, ihr Kapital in einem Waschprozess zu legalisieren.

Die Geldwäsche löst in jedem Fall Interessenskonflikte aus, die ihre Bekämpfung massiv verhindern. Der persönliche Vorteil oder die ethisch-moralische Verantwortung von beteiligten Personen, Institutionen oder Staaten erfolgt bewusst, absichtlich oder aus Nachlässigkeit. Die oben genannten führen Geldwäsche wohl eher aus ökonomischen Gründen durch und sind insgesamt von makroökonomischer wie gesellschaftlicher Sicht als schlecht zu bezeichnen. Auf lange Sicht handeln diese Marktteilnehmer jedoch selbst gegen ihre Interessen: sie verursachen Rahmenbedingungen, welche ihre eigene Existenz bedrohen und tragen selbst Verantwortung dafür. Der Missbrauch von Offshore-Zentren ist ebenso schon länger bekannt. Einige Finanzplätze nützen international organisierte Steuerhinterziehung und anderen Formen der Kriminalität für ihren eigenen Profit. Das Bedürfnis nach schärferen, ordnungspolitischen Massnahmen ist zwar schon jahrelang Gesprächsthema, doch Änderungen sind bisher nicht umgesetzt worden, weil wirtschaftliche Interessen insgesamt wichtiger sind. Die kreativen Offshore-Plätze bieten komplizierte Finanzinnovationen an, die häufig von den gewohnten Finanzmärkten übernommen werden. Die Wettbewerbsfähigkeit wird den Offshore-Zentren allerdings nur dann erhalten bleiben, wenn sie sich den globalen Herausforderungen stellen und entsprechende Aufsichtsregeln des Finanzmarktes annehmen. Da die Offshore-Gebiete überproportional vom

Finanzmarkt abhängig sind, muss jeder weitere Schritt wohl überlegt werden. Die Harmonisierungsbestrebungen der Europäischen Union eröffneten den Offshore-Zentren neue Perspektiven, denn für diese Regionen wird es schwierig, wenn sie ihre Vorteile wie Bankgeheimnis, Steuern oder Amts- und Rechtshilfe verlieren. Ein einheitliches Vorgehen der Behörden ist nicht vorstellbar, weil es den Nachbarländern der Offshore-Gebiete Profit (über die Geld- oder Kapitalmärkte in deren eigenen Wirtschaftsraum) von den dort angelegten Geldern einbringt. Werden die Anlagemöglichkeiten eingeschränkt, fliessen die Gelder in Folge zu entfernteren Offshore-Zentren. Mittlerweile haben die Offshore-Finanzzentren den Status einer geschäftsnotwendigen Realität, und da sich die Nachfrage nach ihren Leistungen modifiziert ist ihr Fortbestand sicher. Um die kommende Tendenz der Offshore-Regionen abschätzen zu können, sind nicht bloss die behördlichen Einstellungen und Haltungen zu berücksichtigen, sondern ein ebenso wichtiger Faktor ist die Entwicklung der Weltwirtschaft sowie der internationalen Finanzmärkte. Es werden jene Gebiete weiter bestehen, die sich am besten an neue Rahmenbedingungen anpassen werden. Eine Angebotserweiterung der Geschäfte und die Betonung auf Kundenservice müssen hergestellt werden damit zukünftig Erfolge zu erzielen sind. Ebenso wichtig wird die Spezialisierung auf unterschiedliche Produkte sein, die entweder besser und/oder preisgünstiger sind als jene der Mitbewerber.

Der Versicherungssektor ist ein neuer Trend, um Geld zu waschen. Es werden Versicherungspolizzen über hohe Summen abgeschlossen und kurz nachdem die Prämie bezahlt wird, wieder aufgelöst. Dem Geldwäscher wird die Prämie (klarerweise mit legalem Geld) zurück erstattet - und der Geldwäscher hat damit eine legitime Quelle für sein inkriminiertes Geld geschaffen. Der Versicherungssektor ist ähnlich anfällig für Geldwäsche wie der Wertpapiersektor. Bei den Versicherungen liegt der Schwerpunkt auf Lebensversicherungen, und die Schwächen sind bei den Versicherungsmaklern zu finden, da diese keine (oder nur wenig) Unterweisung zum Thema Geldwäschebekämpfung erhalten. So werden sie dazu benutzt, Bargeld bei verschiedenen Finanzinstituten zu platzieren, indem sie sich nur auf den Verkauf von Versicherungsprodukten konzentrieren und dabei etwaige Anzeichen von Geldwäsche (wie beispielsweise vorunterschriebene Formulare, mangelnde Nachweise von Vermögen oder fragliche Zahlungsmethoden der Versicherungsprämien) übersehen. Der Wertpapiersektor seinerseits wird schon lang zum Verdecken von kriminellen Geldern genützt. Illegale Bargelder werden über gewisse Wertpapiermärkte mittels professioneller Mittelsmänner in das Finanzsystem eingebracht. Es ist voraus zu setzen, dass keine Überprüfungen mehr stattfinden, da diese bereits stattgefunden haben (über andere Finanzinstitute, die Gelder und Kunden kontrollieren). Es ist dies eine gravierende Schwachstelle, die Geldwäscher für ihren Vorteil ausnutzen

Für die Geldwäsche hervorragend geeignet ist der Goldmarkt. Gold ist als Rohstoff mit Geld vergleichbar und wird grundsätzlich als Austauschmedium akzeptiert. Es bietet absolute Anonymität für den Geldwäscher und kann auf den Weltmärkten frei getauscht werden. Eine nicht so sehr beliebte Variante ist der Erwerb von Edelsteinen (Diamanten), obwohl Diamantenschmuggel von einigen kriminellen Banden alternativ zum Währungsschmuggel genutzt wird.

Sehr effektiv zum Einschleusen ungesetzlicher Gelder ist der Gold-, Diamant-, Edelmetall- und Edelsteinmarkt. Durch den hohen Eigenwert der Substanzen ist diese Möglichkeit für Geldwäscher insofern attraktiv, da der Vermögenswert (unabhängig seiner Form) erhalten bleibt, und dabei einfach zu wechseln und transportieren ist.

Wenig überraschen sollte die Tatsache, dass Rechtsanwälte ebenso an Geldwäsche beteiligt sind. Diese Berufsgruppe ist neben Buchhaltern und sonstigen finanzberatenden Spezialisten, ein notwendiges Element für die Durchführung von komplizierter Geldwäsche geworden. Die Dienstleistungen, die diese Fachleuten anbieten, sind erforderlich, damit die Geldwäsche wirkungsvoll durchgeführt werden kann. Es ist weiters denkbar, dass Rat gesucht, wie entweder eine Papierspur am besten zu verhindern ist, oder wie jeglicher Verdacht abgewendet werden kann. Das Anbieten von Kundenkonten ist eine wichtige Dienstleistung von Rechtsanwälten um es zu ermöglichen, illegales Geld zu waschen. Weiters tätigen Anwälte Bareinlagen, lösen Schecks ein oder führen globale Geldübertragungen durch. Er wird zum Kauf oder Verkauf von Eigentum eingesetzt (in der Verschleierungs- oder Integrationsphase) und nicht zuletzt bildet seine Immunität einen wertvollen Vorteil. Es ist komplizierter für Ermittlungsbeamten Kopien von Papieren zu fordern und das Verfügen über eine Vollmacht ist bei der Geldwäsche durchaus nützlich, wobei der Rechtsanwalt diese sowohl entwerfen als auch ausüben kann.

Das weit verbreitete und anonyme Internet bietet viele Vorteile für kriminelle Handlungen – es ist sogar anzunehmen, dass sich diese künftig aufgrund Sicherheitsmängel als die Norm entwickeln werden. Für den Geldwäscher ist die Internetnutzung interessant wegen Möglichkeiten zur

Verheimlichung der Papierspur (welche die Strafverfolgung massiv verhindert), und aufgrund der Geschwindigkeit der Transaktionen (weil die Strafverfolgungsbehörden nicht so rasch auf die Gelder Zugriff haben). Durch die Einführung von Kontrollen auf die unzähligen Transaktionen könnten bedenkliche Merkmale geprüft werden, doch solange dies nicht der Fall ist, ist das Internet ein exzellentes Instrument für die Geldwäsche.

Der bargeldlose Zahlungsverkehr ist nur noch für ältere Menschen beschwerlich oder unbeliebt – somit ist es lediglich eine Generationsfrage, bis der Umgang mit bargeldlosen Mitteln soweit gefördert wird, dass er absolut vertraut bis unentbehrlich wird. Aktuell existiert ein technisch angreifbares Gesamtsystem, welches aufgrund Störungen, Fehler, Sabotage- und Cyberterrorismusanfälligkeit durchaus noch Ausweichmöglichkeit auf „primitives" Bargeld zulassen muss.

Derzeit werden lediglich an Privatkunden Produkte über das Internet angeboten. Eine Erweiterung auf den business-to-business Bereich, würde für die Banken das Risiko der Geldwäsche merkbar erhöhen. Diese haben wesentlich mehr Transaktionen durchzuführen als Privatpersonen und Banken haben keine Möglichkeit zum Begrenzen der Kontenfunktionalität.

Das Internet charakterisiert sich durch Anonymität, Geschwindigkeit, Zugriffsmöglichkeit, und der Möglichkeit der Grenzüberschreitung – dadurch wird es zum attraktiven Medium für viele Benützer. Geldwäscher ihrerseits haben durch das Internet die Vorteile gefunden, dass sie nicht identifiziert werden können, sich auf eine mangelnde Beweislast stützen können, von profitieren letztendlich von den Unzulänglichkeiten beziehungsweise Mängeln an Überprüfungsmöglichkeiten oder fehlenden Aufzeichnungen von fraglichen Transaktionen durch die Internetanbieter. Es hat sich herausgestellt, dass Geldwäscher Regionen mit geringen Kontrollen bevorzugen und das Internet stellt von diesem Aspekt aus den passenden Rahmen her. Der Zugang zu neuen Technologien ist leicht durchführbar. Die primären Zahlungssysteme weisen Merkmale wie Geschwindigkeit, für jedermann zugänglich, Anonymität, kombinationsfähig auf und es ist möglich, ohne persönlichen Kontakt oder menschliches Eingreifen zu zahlen.

Vermutlich wird der elektronische Handel die Norm werden indem er sich über alle Märkte ausbreitet, weil er durch seine Wirksamkeit und günstige Verwaltung viele Teilnehmer anspricht. Ein wesentliches Merkmal, das die Entwicklung hemmt, ist die fehlende Sicherheit – also entstehen Forderungen nach Garantien, gegen Schwindel, Veruntreuungen, Verfälschen oder falsche Identitäten. Für Kriminelle bietet sich die Benutzung von elektronischem Geld als anonyme Möglichkeit an um Gelder zu übertragen. Elektronisches Geld arbeitet genau wie klassisches Papiergeld, verzichtet dabei auf angeschlossene Risiken, bereitet keine Schwierigkeitenm, benötigt keinerlei Regulierung und kann sicher aufbewahrt werden. Es kann von jedermann verwendet werden, will er unbekannt und unbemerkt bleiben. Die positiven Seiten des Internets aus Sicht der Geldwäsche sind weitreichender als die Verringerung der Papierspur. Die Finanzunternehmen sollten von der nationalen Gesetzgebung Verfahren zu implementieren, abhängig sein, um die Papierspur aufzuzeichnen. Diese lassen Erhebungen zu und es kann in Folge Strafbekämpfung durchgeführt werden. Wenn der Geldwäscher sein Risiko entdeckt zu werden reduzieren soll (und damit jedwege Aufzeichnung vermeiden möchte), dann wird ihm das Internet dazu verhelfen; zusätzlich mangelt es an entsprechenden Erkennungsmassnahmen.

Wird Geldwäsche über das Internet durchgeführt, so schliesst dies Geldübertragungen ein, die zwischen Banken mit unterschiedlichen Namen (und eventuell verschiedenen Standorten) durchgeführt werden. Dieser Vorgang wiederholt sich so oft, bis das Geld legalisiert, beziehungsweise unauffindbar wird. Durch das Internet können soviele Transaktionen wie gewünscht oder notwendig getätigt werden, sie sind in jedem Falle anonym und können bei Belieben von abwiechenden Standorten in Auftrag gegeben werden. Bei legalen Zwecken wird die Anonymität im Internet zumeist erwünscht und ist generell wünschenswert. Doch das gleiche Anliegen haben klarerweise Geldwäscher – und da das Know-your-Customer Prinzip durch das Internet nicht eingehalten wird, verhilft dieser Umstand indirekt den Straftätern zu erheblichen Vorteilen. Länder mit hohem technischem Finanzdienstleistungsangebot sollten bei elektronischen Zahlungsvorgängen Überwachungen für auffällige oder bedenkliche Transaktionen einrichten.

Bemerkenswert ist die Anwendung der Prepaid-Cards, welche anstatt physischem Geld verwendet werden können. Die Aufladungen erfolgt nach Art der Karte anonym, die im Voraus bezahlten Geldkarten in Form von reinen Wertkarten erlauben namenlose Ein- und Auszahlung; es existiert keine Aufzeichnung einer Papierspur. Eine Erweiterung für Geldwäscher bilden weiters Chipkarten, Online-Banking und elektronisches

Geld. Bei verschiedenen Chipkarten und E-Cash-Systemen wird keine Höchstgrenze für Transaktionen gesetzt – damit stehen sie einem vermehrten Risiko der Geldwäsche gegenüber. Durch den Mangel an Kontrollmechanismen sind sie insgesamt äusserst attraktiv für kriminelle Straftaten. Für Geldwäscher ebenso interessant ist die elektronische Geldbörse, weil sie Volumen und Gewicht des Geldes erheblich reduziert, und es dadurch absolut mobil macht. Da diese Zahlungsform vollkommen anonym ist und Geldbeträge auf der Karte einfach zu speichern sind, bilden die so genannten „white cards" (kontoungebundene Geldkarten) eine hervorragende Alternative für den physischen Bargeldtransport ausser Landes. Die Bekämpfung der Geldwäsche hier könnte durch eine anzahlmässige Beschränkung pro Person gestaltet werden – auch ein Limit bei den speicherbaren Geldbeträgen wäre sinnvoll. Da die Aufzeichnungen der Geldübertragungen eine datenintensive Papierspur hinterlassen, wäre die Implementierung begrenzter und personenbezogener Geldkarten nicht weiter interessant für die Geldwäsche.

Beim für die Gelwäsche vorteilhaften Direct Banking oder Electronic Banking sind die Möglichkeiten der Überweisungen sowohl komfortabel als auch rasch. Es können online Börsegeschäfte, Ein- und Auszahlungen, Kontoeröffnungen, und mehr getätigt werden. Für die Eröffnung eines Kontos über das Internet wird lediglich auf elektronischem Wege kommuniziert, wodurch ein persönlicher Kontakt automatisch nicht mehr notwendig wird. Zugangscodes und Passwörter können weiter gegeben werden, dies ermöglicht die Verwendung der Konten von beliebig vielen Personen. Kerninteresse von Direct oder Electronic Banking ist sind Kunden aus allen Teilen der Welt –Landesgrenzen bilden in keinster Weise eine Einschränkung für die Geschäftsbeziehung – dadurch ist dieses Instrument wiederum höchst vorteilhaft für die Geldwäsche, die hier ihr Vermögen elektronisch und anonym transferieren können. Die nächste Stufe stellt das Cybermoney dar, welches sich erstaunlich passend für Grosszahlungen erweist. Von einem Finanzunternehmen werden Gelder auf elektronischer Basis bereitgestellt und die anschliessende Möglichkeit, Geldübertragungen mittels Cybermoney selbst in gewaltigen Dimensionen durchzuführen, bietet den Geldwäschern einen enormen Freiraum.

Für das Bankwesen selbst ist das Internet aufgrund Kosteneinsparungen ebenso attraktiv. Online Banken haben ein höheres Ausmass an elektronischen Geldübertragungen in einem als in herkömmlicher Form. Die Kontrolle von bedenklichen Transaktionen erfordert Spezialsoftware und Überweisungen selbst benötigen keine Personen mehr, die eventuell kontrollieren könnten. Um eine Unterstützung für die Banken bei Rationalisierung oder Modernisierung des Zahlungsverkehrs zu geben, wäre die totale Abschaffung von Bargeld zweckmässig. Denn hier existieren Risken in Bezug auf Verlust oder Fälschung, weiters wird aufgrund körperlichen Transports sehr bald an Grenzen gestossen. Die Verteilung, Abwicklung, Lagerung und Sicherung von Geldern ist teuer und schwierig, die Herstellung und Pflege ist ebenso kostspielig. Die gängigen Kosten bei elektronischem (Buch-)Geld liegen dagegen annähernd bei Null, doch aufgrund der rückverfolgbaren Geldspur ist die Abwicklung von Geldtransaktionen für kriminelle Geschäfte (wie beispielsweise Steuerhinterziehung) und die organisierte Kriminalität komplizierter. Noch ist das Vermeiden von Schattenwirtschaft nicht erfolgreich und die organisierte Kriminalität findet ebenfalls immer wieder Möglichkeiten, diese Systeme für ihren Vorteil zu verwenden.

Besonders in der Verschleierungsphase ist das Internet hilfreich, vor allem durch die anonyme Möglichkeit der Kontoeröffnung beziehungsweise ohne einem Bezug zu bereits bestehenden Bankkonten, deren Eröffnung nur mittels Identitätsnachweises möglich war. Geldwäscher können sämtliche Aktivitäten vom Computer aus durchführen und beobachten und nach Belieben unzählige Buchungen in kurzer Zeit tätigen. Die Verschleierung wird schwieriger, wenn Geldübertragungen von Bank zu Bank gemacht werden, die mit elektronischem Geld handeln. Um eine Geschäftsbeziehung mit einem Kunden zu beginnen, benötigt die Bank vorerst eine Identifikation des Kunden, und will bei weiteren Tätigkeiten sicherstellen, dass es sich stets um genau diesen Kunden handelt. Passwörter und Log-in Namen können allerdings von der berechtigten Person an Dritte weitergegeben werden, und dies ermöglicht in Folge Geldübertragungen von anderen Personen wie zum Beispiel Kriminelle, die sich Zugang zu einem Konto verschaffen, ohne den Identitätsnachweis erbringen zu müssen. Um der Geldwäsche über das Internet mit Erfolg entgegen zu wirken muss eine Kundenidentifikation durchgeführt werden, welche frei von den angegebenen Daten des Kunden getätigt werden muss, um wirkungsvoll zu sein und das Betrugsrisiko zu minimieren. Diese Überprüfungen könnten durchaus online möglich sein, um sich dem Wesen des Internets anzupassen. Ein grosses Hindernis ist der Umstand, dass sich die Struktur des Systems noch in einem eher unentwickelten Zustand befindet. Jedoch mit einer globalen Zustimmung zur digitalen Unterschrift im Electronic Commerce, wäre die Möglichkeit geschaffen, online rechtsgültige Geschäftsfälle durchzuführen und sich dabei vor jeder Art von System zu identifizieren.

Virtuelles Geld wird als „Cybermoney" bezeichnet – es wird auf dem Computer gespeichert nachdem es vorher bezahlt worden ist. Diese Art Zahlungssystem entwickelt sich sehr rasch und könnte eventuell in Zukunft sogar die herkömmlichen Zahlungsverkehrssysteme ablösen. Bei diesem System werden alle Vorgänge vollkommen anonym getätigt, und die Papierspur wird vernichtet. Da gewisse Verschlüsselungstechniken eingesetzt werden, hat die Bank keine Möglichkeit die Transaktionspartner festzustellen. Zur Geldwäschebekämpfung könnte hier die Verpflichtung eingeführt werden, dass das Cybermoney an eine Kontoverbindung gebunden sein muss, und / oder dass die Zwischenschaltung von Banken (oder äquivalenten Stellen) bei Geldübertragungen erforderlich ist. Denn diese Massnahmen würden sicherstellen, dass eine Papierspur aufgezeichnet wird. Die modernste Entwicklung in diesem Bereich sind Transaktionen mittels E-Mails, indem der Kunde seinen Systemanbieter ersucht, eine Zahlung an eine dritte Person zu tätigen. Der Systemanbieter überträgt das Geld und belastet in Folge die Kreditkarte, beziehungsweise das Bankkonto des Auftraggebers. Vorher gibt der Kunde seine Karten- oder Kontonummer bekannt, anschliessend sendet der Systembetreiber eine E-Mail an den Empfänger des Betrages in welchem er die Information gibt, dass für ihn eine Summe bereitgehalten wird, die entweder über Scheck oder elektronischer Überweisung abgeholt werden kann. Diese Form der Geldübertragung wird beispielsweise bei Online-Aktionen oder eBay vielfach angewendet

Es wurden bereits verschiedene Methoden gefunden, um die neuen Tendenzen im Bereich der Informationstechnologie von dem Risiko der Geldwäsche zu schützen. Diese Strategien können in drei Gebiete eingeteilt werden: die Anpassung momentaner Prozesse, das Entwickeln von neuen Gegenstrategien und das Erforschen innovativer Praktiken auf Systemebene. Der erste Teil passt existierende Methoden und Techniken der Art und Weise an neue Umgebungen an. Das traditionelle System war starr und „reif", jahrundertelang auf Werte wie Kompetenz, Zuverlässigkeit und guten Ruf aufgebaut und klassische Finanzintermediäre handelten auf dem Markt im Dienste ihrer Kunden und nach deren Wünschen. Im elektronischen Handel hingegen stellen Vermittler nicht Transaktionen oder Dienstleistungen zur Verfügung sondern vielmehr Verbindungen beziehungsweise Organisation. Körperliche Gefüge wie Versorger. haben verschiedene geographische Positionen und entscheiden auf der Basis von Kosten und Einrichtung. Das zweite Gebiet generiert entgegengesetzte Technologien wie beispielsweise Geheimschrift und Barrieren in der Informationstechnologie. Kritisch hier sind die beträchtlichen

Kosten die bei der Implementierung derartiger Strategien entstehen würden – zusätzlich stellt sich die Frage, ob die neu eingeführten Methoden selbst nicht auch sehr rasch wieder überholt sind, weil die Technologieneuerung ihrerseits ebenfalls nicht stehen bleibt. Als dritter Bereich können ausschliesslich technische Faktoren genannt werden, die bestrebt sind, innovative Sensoren und entsprechend neue Kontrollmöglichkeiten der Identifizierung herzustellen – speziell auf den elektronischen Handel gerichtet im Versuch, eventuell Muster von missbräuchlichen Transaktionen zu erkennen. Verantwortlichkeit sollte als Merkmal für die Qualität der angebotenen Dienstleistungen stehen und damit eine effektive Überwachung garantieren. Die drei genannten Handlungsvarianten stellen praxisnahe Alternativen dar, die zu einer Strategie zusammengefasst werden sollten um dauerhaft wirksam zu sein – temporäre Lösungen haben lediglich Gültigkeit für akute, unmittelbare, oder provisorische Anforderungen. Entscheidend ist in jedem Fall die prompte Kenntnis über Mittel, Potenziale und Verbesserungen in neuen Technologien, denn zukünftig wird sich die Rolle der Technologie als ein unterstützendes Mittel für organisatorische und administrative Bestimmungen stark verändern. Nicht zuletzt stellt die Personalausbildung einen sehr wichtigen Aspekt in der Geldwäschebekämpfung dar: das Personal sollte sich seiner Verantwortung bewusst werden. Die Ausbildung im Bereich der neuen Vertriebswege ist genauso notwendig wie bei herkömmlichen Geschäften – es sind hier nur zusätzlich die Besonderheiten Geschäfte auf Internetbasis berücksichtigt werden.

Zusammenfassung

Die Ursprünge des Geldes begründen sich im Tauschhandel, der durch die umständliche Handhabung die Forderung nach einem sowohl allgemein gültigen als auch akzeptierten Medium stellte, das als Zwischengut fungierte und den Handel erleichtern sollte. Dieses Medium stellten anfänglich Muscheln, Häute, Sklaven und Tiere dar, bis schliesslich das Geld vom Menschen erfunden wurde. Die Kaurimuscheln waren international anerkannt und erfuhren eine aussergewöhnliche Erfolgsgeschichte. Das Geld, welches zu Beginn in Edelmetallen in Form von Barren, Stangen und Scheiben gehandelt wurde, musste abgewogen werden, die im Folgenden geprägten Münzen erleichterten den Handel wesentlich. Sie hatten einen generell anerkannten Wert und wurden weiters zu einem ähnlichen Gewicht geprägt. Regionale Unterschiede liessen sich je nach verwendetem Edelmetalle und der Geschwindigkeit der Entwicklung feststellen. Die ersten geprägten Münzen wurden in Lydien verwendet und bestanden aus Elektron, einer Legierung aus Silber und Gold. Im Laufe der Geldentwicklung schafften die Römer als erste eine Wertabstufung zwischen Bronze, Silber und Gold. Diese schützte sie dennoch nicht vor den häufigen und massiven Auf- und Abwertungen der Währungen, welche hauptsächlich durch die unkontrollierte Ausgabe von Münzen (also letzten Endes durch Inflation) verursacht waren. Nach einiger Zeit gelang es jedoch, durch die Vereinbarung von „Münzfüssen" zu geregelten Wertverhältnissen zurück zu gelangen.

Mit dem Papiergeld mussten ähnliche Erfahrungen gemacht werden. Durch die übermässige Ausgabe wurde die Inflation vorangetrieben und die Währungen mussten in Folge abgewertet werden. In manchen Regionen, wie zum Beispiel in Frankreich, führte dies sogar zur Ausserkraftsetzung der gültigen Währung und zu einer Rückkehr zum Münzgeld. Diese Erkenntnisse prägten klarerweise die Länder und Regionen in ihrem weiteren Umgang mit Geld. Nachdem die anfänglichen Schwierigkeiten mit dem Papiergeld überwunden waren, kam als vorerst letzte Massnahme die Einführung einer einheitlichen Währung in der Europäischen Union.

Die letzte Stufe der Geldentwicklung stellt das elektronische Geld dar, das in verschiedensten Ausprägung bekannt ist. Die Kreditkarten stellten den Ursprung der mittlerweile weit verbreiteten Debitkarten dar, die zur Bezahlung und zur Behebung von Bargeld ein weit akzeptiertes Medium bilden. Eine weitere Stufe stellt das elektronische Bargeld dar. Transaktionen können problemlos via Telefon, Telefax oder Internet durchgeführt werden. Diese neue Entwicklung bietet Vorteile nicht nur für die Kunden, die ihre Bankgeschäfte ausserhalb der Öffnungszeiten durchführen können sondern ebenso für die Banken, da die Transaktionen automatisch abgewickelt werden. Dadurch fällt der teure Kundenkontakt weg, wobei als negative Auswirkung der Wegfall von Kontrollmöglichkeiten in Bezug auf Geldwäscheaktivitäten in den Vordergrund tritt.

Geldwäsche entstand in grossem Umfang Anfang des 20. Jahrhunderts. Nachdem Al Capone wegen Steuerhinterziehung verurteilt wurde (nur deswegen, weil ihm die Geldwäsche am sich nicht nachgewiesen werden konnte) gilt Meyer Lansky als „Erfinder" der Geldwäsche. Er erkannte die Notwendigkeit, die inkriminierten Gelder vor der Entdeckung der Strafverfolgungsbehörden zu schützen. Der Straftatbestand der Geldwäsche ist danach in die Legislativen eingegangen.

Zunehmend werden die Transaktionen der Geldwäscher auf internationaler Ebene durchgeführt – eine globale Kooperation ist daher unumgänglich. Die ersten Schritte in diese Richtung wurden mit internationalen Vereinbarungen gesetzt, wobei die meisten davon (in modifizierter und angepasster) Form bis heute Gültigkeit besitzen. Im Bereich der Europäischen Union wurden eigene Geldwäscherichtlinien implementiert, die von den Mitgliedsstaaten in nationales Recht umgewandelt werden mussten.

Die dritte, aktuelle Geldwäscherichtlinie ist derzeit erst in Form eines Vorschlages vorhanden, doch wird diese ebenso als Gesetz vom Europäischen Rat beschlossen werden. In diese letzte Richtlinie werden zunehmend die Gefahren eingeschlossen, die durch die Nutzung der neuen Kommunikationsmedien in Bezug auf Geldwäsche bestehen. Die Entwicklung des Internets war ein technischer Fortschritt, der für legale und illegale Transaktionen wesentliche Vorteile beinhaltet. Die weitgehende Anonymität ist hier für die Geldwäscher ein bedeutender Faktor, um ihre Transaktionen unentdeckt abwickeln zu können.

Die Phasen der Geldwäsche selbst lassen sich in drei Teile gliedern, die nicht notwendigerweise in einer bestimmten Reihenfolge ablaufen müssen. Die Einteilung in diese Phasen ist grundsätzlich Theorie, die Phasen können ineinander greifen und die Gelder eine Phase mehrmals durchlaufen. Es ist nicht möglich Grenzen zu ziehen, da die Möglichkeiten, die den Geldwäschern offen stehen sehr umfangreich sind und einem permanenten Wandel unterliegen. Die erste Phase wird als Platzierung bezeichnet und umfasst alle Tätigkeiten, die der Unterbringung und Belegung von Bargeld in den regulären Geldkreislauf dienen. In der zweiten Phase (der Verschleierung) werden die Spuren der Gelder verwischt und die illegal erzielten Erträge gestreut. Dies geschieht primär mittels Durchführung zahlreicher Transaktionen. Den Abschluss stellt die Integrationsphase dar, welche die Rückführung und „Legalisierung" der unrechtmässig erzielten Erträge in den regulären Wirtschaftskreislauf umfasst. Nachdem diese Phase erfolgreich abgeschlossen ist, wird es für die Strafverfolgungsbehörden unmöglich den Geldwäscheprozess zu entdecken: die Papierspur wurde unterbunden beziehungsweise verwischt.

Offshore-Zentren sind insofern in den Geldwäscheprozess involviert, da sie ein strenges Bankgeheimnis wahren, wenig oder keine staatlichen Bankenaufsicht besitzen und die Gründung von Unternehmen erleichtern. Diesen Unternehmungen werden geringe Buchführungspflichten auferlegt und weitgehende Steuerfreiheit gewährt. In Summe stellen diese Faktoren klarerweise erhebliche Vorteile für die Geldwäscher dar – sowie im gleichen Ausmass gravierende Behinderungen für die Strafverfolgungsbehörden. Durch die mangelnde Kooperation der Offshore-Zentren wird das Problem der Überschreitung der Ländergrenzen vertieft. Ein Bestreben auf internationaler Ebene wird mit der Implementierung einheitlicher Massnahmen gegen die Geldwäsche gebildet. Die Offshore-Zentren befürchten durch die Einführung solcher Massnahmen einen Kapitalabfluss, der nicht unbeträchtliche Auswirkungen auf die betroffene Volkswirtschaft hätte, dennoch bauen einige Offshore-Zentren lediglich geringe Bekämpfungsmassnahmen ein, um ihren Ruf auf den internationalen Märkten zu verbessern.

Geldwäsche hat letztendlich Auswirkungen auf alle betroffenen Volkswirtschaften, die den Bankensektor durch die hohen Einflussnahmen destabilisieren. Dies ist mit ein Grund, warum die Bestrebungen zur Bekämpfung der Geldwäsche und somit der organisierten Kriminalität vorrangig behandelt werden. Die permanente Veränderung der Märkte und der Möglichkeiten, die den Geldwäschern offen stehen, erleichtern ihnen das einträgliche Geschäft. Die Implementierung von geeigneten Strafverfolgungsmassnahmen darf somit nie als abgeschlossen betrachtet werden. Den Banken sind erhebliche Verpflichtungen zur Identitätsfeststellung ihrer Kunden auferlegt worden und eine Ausdehnung auf Berufsgruppen, die ein Berufsgeheimnis zu wahren haben, ist in den meisten Ländern ebenso durchgeführt worden, damit diese Branchen von der Geldwäschegefahr ausgenommen sind.

Die mikro- und makroökonomischen Auswirkungen der Geldwäsche dürfen nicht ausser Acht gelassen werden. Eine Umsetzung von Bekämpfungsmassnahmen im speziellen in Bezug auf die neuen Kommunikationsmedien ist notwendig. Die weitgehende Anonymität des Internets ermöglicht den Geldwäschern eine einfache Durchführung von Transaktionen, die Strafverfolgungsbehörden stossen hier an ihre Grenzen. Ein möglicher neuer Ansatz stellt die Gewinnabschöpfung dar. Dadurch kann die organisierte Kriminalität möglicherweise effizient bekämpft werden, doch genaue Erfolge dieser Strategie sind noch nicht abschätzbar. Die erzielten Gewinne der organisierten Kriminalität sind unter Umständen so hoch, dass die Abschöpfung lediglich einen geringen Teil der inkriminierten Gelder erfassen kann. Mit der Entwicklung des Internets ist die Gewinnabschöpfung schwierig, denn die Gelder können in einer Geschwindigkeit bewegt werden, die einen Zugriff unmöglich machen. Mit Problemen ist die Entdeckung der Transaktionen auf Geldwäscheverdacht behaftet: die Banken müssten Überwachungssysteme einführen, da die Transaktionen automatisiert über die Computer abgewickelt werden und durch die Vielzahl nicht auffallen.

Glossar

ARPANET
Das ARPANET (Advanced Research Projects Agency Network) wurde ursprünglich im Auftrag der US-Luftwaffe ab 1962 von einer kleinen Forschergruppe unter der Leitung von Paul Baran entwickelt. Es ist der Vorläufer des heutigen Internet. Es sollte ein dezentrales Netzwerk geschaffen werden, das unterschiedliche US-amerikanische Universitäten, die für das Verteidigungsministerium forschten, miteinander verband. Das damals revolutionäre dezentrale Konzept enthielt schon die grundlegenden Aspekte des heutigen Internets. Die Verbindungen wurden über Telefonleitungen hergestellt.

Das Projekt wurde zunächst vom Pentagon abgelehnt, im Jahre 1965 jedoch wieder aufgegriffen und 1969 realisiert. Anfangs vernetzte das Netzwerk lediglich die vier Forschungseinrichtungen Stanford Research Institute, University of Utah, University of California in Los Angeles und die University of California in Santa Barbara.

AS
Antike römische Gewichts- und Münzeinheit. Der gegossene As im Gewicht der römischen Gewichtseinheit, stellt die „Urmünze" der Römer dar. Die Verringerungen des Gewichts machten nicht nur die Münzen handlicher, sondern erlaubten die Umstellung vom Guss auf die einfachere und schnellere Prägung. Bei der Einführung des Denars wurde die römische Silbermünze mit 10 Asses bewertet und um 10 v. Chr. auf 16 Asses gesetzt. In der Münzreform unter Kaiser Augustus wurde der in Kupfer ausgegebene As als kleinste Münzeinheit in das Münzsystem der römischen Kaiserzeit eingeordnet. Später verringert sich die Ausgabe der Asse. Er hält sich bis zur Münzreform Diokletians im ausgehenden 3. Jahrhundert n. Chr.

ASSIGNATE
Französisches Papiergeld aus der Zeit der Französischen Revolution (franz. l'assignation = Anweisung). Um das Haushaltsdefizit zu decken, beschloss die Nationalversammlung im Jahr 1789, verzinsliche Anleihen auf den zu erwartenden Verkaufserlös der beschlagnahmten Kirchengüter auszugeben. Die folgenden Emissionen der Assignaten waren unverzinslich und wurden schliesslich so zahlreich ausgegeben, dass sie 1792 zum alleinigen Zahlungsmittel wurden. Durch die Inflation verfiel ihr Wert drastisch, sodass sie 1796 ausser Kurs gesetzt werden mussten.

AUREUS

Der Aureus war die Goldeinheitsmünze des Römischen Reichs. Die Goldmünze stammt aus der Zeit der Römischen Republik und wurde bis zur konstantinischen Zeit (zu Beginn des 4. Jh.s n.Chr.) geprägt. Der aus den Kriegszügen Caesars erbeutete Goldschatz ermöglichte eine erste reichhaltigere Prägung des Aureus. Das Gewicht wurde unter Kaiser Augustus abgesenkt. Abgesehen von einer Absenkung unter Nero (auf 1/45 röm. Pfund), blieb der Aureus für 2 Jahrhunderte die relativ stabile Grundlage der prosperierenden Wirtschaft des Römischen Kaiserreichs, auch wenn die ursprüngliche Feinheit des gediegenen Goldes nicht erhalten blieb. Mit der Herrschaft Caracallas (198-217 n.Chr.) begannen stärkere Gewichtsschwankungen den Aureus zu destabilisieren. Nach Stabilisierungsversuchen unter Kaiser Diokletian (284-305) musste der Aureus schliesslich im Zuge der Münzreform Kaiser Konstantins des Grossen (307-337) dem Solidus weichen.

BANCOZETTEL

1762 wurden erstmals Bancozettel verwendet. Sie wurden später durch neu ausgegebene Einlösscheine zu 1/5 ihres Nennwertes vom Staat eingelöst. Diese Einlösscheine wurden als Wiener Währung bezeichnet. Das alles betraf nur das Papiergeld. 1810 erfolgte die Errichtung einer Notenbank, die das Papiergeld Wiener Währung gegen Banknoten einlöste.

BRAKTEAT

Numismatischer Sammelbegriff für die aus dünnem Blech (lat. bractea) und nur einseitig geschlagenen Silberpfennige aus dem Mittelalter. Ihre Entstehung geht auf eine Münzverschlechterung nach den Bürgerkriegen Heinrichs IV. (1056-1106) zurück, die als Zwischenform Dünnpfennige, so genannte Halbbrakteaten, hervorbrachte. Sie wurden breit und so dünn geprägt, dass die Prägung der Unterseite sich auf der Oberseite abdrückte und umgekehrt. Da das Münzbild nicht mehr zu erkennen war, folgte ein Übergang zur einseitigen Prägung. Aufgrund der vielen Münzverrufungen entstand eine Vielzahl kunstgeschichtlich bedeutender Stücke. Ihre Blütezeit erreichte die Brakteatenprägung zwischen 1150 und 1230.

CYBERMONEY

Bezeichnung für virtuelles Geld oder Zahlungsmittel, die über offene Netze wie das Internet geladen werden können. Cybermoney ist nicht auf Kartensysteme oder Geldkarten angewiesen.

DENAR
Eigentlich „Denarius", war für ca. 400 Jahre die Hauptsilbermünze Roms. Der Name Denar oder Denarius leitet sich aus dem lateinischen deni (je zehn) ab, der Denar wurde mit 10 Assen bewertet. Als die Asse ausgegeben wurden, stieg der Wert des römischen Denars auf 16 Asse. Unter Nero wurde der Denar auf 3,41g abgesenkt. Die drastische Verschlechterung des Denars führte schliesslich 214 n.Chr. zur Einführung eines Doppeldenars. Nach dem Verfall der Silberwährung wurde der Denar seit dem späten 3. Jh. n.Chr. nur noch als Rechnungseinheit verwendet.

ELECTRONIC BANKING
Erledigen eigener Bankgeschäfte von zu Hause aus (per Computer oder per Telefon), zum Beispiel Überweisungen oder Kontrolle des Kontostandes auch ausserhalb der Schalterstunden. Das Electronic Banking wird über das Internet abgewickelt. Der Kunde erhält einen Code für die Zugangsberechtigung (PIN) und zusätzlich Transaktionsnummern (TAN).

ELECTRONIC COMMERCE
Der Begriff "E-Commerce" ist relativ neu und daher nur schwer zu definieren. Eine einfachste Art der Definition besteht aus der Definition der beiden Wortbestandteile. „E" für „Electronic" und „Commerce". „Commerce" umfasst alle Aktivitäten eines Unternehmens, die auf den Absatz seiner Produkte beziehungsweise Dienstleistungen gerichtet sind. Darunter wird nicht nur der reine Vorgang des Verkaufens verstanden, sondern ebenso angegliederte Prozesse, wie Beratung und Marketing. „Electronic" bezeichnet die Wahl des Mediums und erfasst somit alle elektronischen Medien. Oft wird E-Commerce eng mit dem Internet verbunden. Der Begriff enthält die Verwendung anderer Medien wie zum Beispiel Fernsehen oder Mobiltelefonie. Zusammenfassend lässt sich somit folgende Definition ausstellen: „E-Commerce" ist die Vermarktung und der Vertrieb von Produkten und Dienstleistungen eines Unternehmens über elektronische Medien.

ELEKTRONISCHES GELD
Elektronisches Geld (auch: Digitales Geld) ist der Oberbegriff für verschiedene Verfahren, die es ermöglichen Geldbeträge bargeldlos mit Hilfe eines elektronischen Datenaustausches zu transferieren, es ist auf einem Computer, einer Chipkarte, einem Handy oder einem Datenträger gespeichert. Elektronisches Geld wird beim E-Commerce neben den klassischen Systemen im Zahlungsverkehr genutzt. Ein Kunde muss an einen Herausgeber des elektronischen Geldes zuerst reales Geld über-

weisen. Der Herausgeber übermittelt den Betrag dann an den Kunden in Form von digitalem Geld. Ein Händler kann das digitale Geld beim Herausgeber anschliessend wieder in reales Geld umtauschen.

FATF
Die FATF (Financial Action Task Force on Money Laundering) wurde 1989 mit dem Auftrag gegründet, einen Überblick über bereits bestehende internationale Zusammenarbeitsformen gegen Geldwäsche zu geben und ein Massnahmepapier zu erarbeiten. Seit 1989 hat die FATF jährlich Typologien über Geldwäsche veröffentlicht.

FEI CHIEN
Inoffizielle Geld- oder Werttransfersysteme existieren zusammen mit dem konventionellen Finanzdiensten zum Transfer von Finanzmitteln oder, in einigen Rechtssystemen, anstelle der konventionellen Dienste und werden häufig als alternatives Transfersystem oder Unterground Banking bezeichnet sowie, in einigen Regionen spezifisch durch die Begriffe Hawala oder Fei Chien. Der Hauptzweck solcher Systeme ist der Transfer legitim erworbener Gelder von einem Ort zum anderen, wobei einige von ihnen schon seit Jahrhunderten bestehen, noch bevor die westlichen oder herkömmlichen Bankensysteme entstanden.

FLORIN
Goldmünze aus Florenz, die 1252 zum ersten Mal geprägt wurde und dem englischen Florin oder dem ungarischen Forint den Namen gab. Der Florin war ein Vorbild für den Gulden.

GELDWÄSCHE
Geldwäsche bezeichnet den Vorgang der Einbringung illegaler Erlöse aus Straftaten in den legalen Finanz- und Wirtschaftskreislauf. Die Geldwäschehandlungen haben den Zweck, die Herkunft des Geldes zu verschleiern und es vor dem Zugriff der Strafverfolgungsbehörden und des Finanzamts zu verbergen.

GULDEN
Seit dem Ende des 15. Jh.s entstanden im Heiligen Römischen Reich Deutscher Nation mit dem Guldengroschen oder Guldiner in Silber geprägte Äquivalente des Goldguldens. Die Augsburger Reichsmünzordnung von 1559 brachte einen silbernen Reichsguldiner hervor. Der Goldgulden wurde vereinzelt bis ins 18. Jahrhundert ausgeprägt, verlor aber schnell an Bedeutung.

HAWALA
Hawala ist ein weltweit funktionierendes Überweisungssystem. Mit diesem System kann Geld schnell und sehr kostengünstig transferiert werde. Hawala basiert hauptsächlich auf Vertrauen. Es kann praktisch nicht kontrolliert werden und es gibt keine Verfolgungsmöglichkeiten für Ermittlungsbehörden. Hawala wird vor allem von Gastarbeitern verwendet, um Geld in ihre Heimatländer zu schicken.

IP
Das Internet Protocol (IP) ist ein in Computernetzen weit verbreitetes Netzwerkprotokoll. Es ist eine Implementation der Internet-Schicht des TCP/IP-Modells. IP bildet die erste vom Übertragungsmedium unabhängige Schicht der Internet-Protokoll-Familie. Im Gegensatz zu der physikalischen Adressierung der darunter liegenden Schicht, bietet IP logische Adressierung. Das bedeutet, dass mittels IP-Adresse Computer innerhalb eines Netzwerkes in logische Einheiten gruppiert werden können. Auf dieser Basis ist es möglich, Computer in grösseren Netzwerken zu adressieren und Verbindungen zu ihnen aufzubauen. IP stellt die Grundlage des Internets dar.

OFFSHORE
Offshoregebiete werden teilweise als Wirtschaftssondergebiete definiert und analog von Steuern ausgenommen. Inseln können teilweise als solche Offshore-Gebiete gelten. In diesem Fall kommen nationale Zölle und Steuern nicht zur Anwendung.

SESTERZ
Lateinisch eigentlich Sestertius, abgeleitet von semis tertius (Dritthalber = 2 ½) ist eine Münze der römischen Republik- und Kaiserzeit. Der Sesterz wurde ursprünglich als Silbermünze eingeführt. In der Republikzeit wurde der Sesterz nur sporadisch und in geringem Umfang geprägt. Später wurde er zur Rechnungsmünze des Römischen Reichs.

SMURFING
Smurfing ist eine Form der Geldwäsche, bei der die Einzahlung eines hohen Geldbetrags auf ein Konto verschleiert werden soll. Dazu wird der Geldbetrag in eine Vielzahl kleinerer Geldbeträge aufgeteilt, die dann in mehreren Tranchen transferiert werden. Ein für das Konto ungewöhnlich hoher Geldbetrag soll so in der Vielzahl anderer Transaktionen auf dem Konto nicht mehr auffallen.

SWIFT
SWIFT ist die Abkürzung für Society for Worldwide Interbank Financial Telecommunication. Es handelt sich dabei um eine internationale Genossenschaft der Geldinstitute, die ein Telekommunikationsnetz für den Nachrichtenaustausch zwischen diesen unterhält. Der SWIFT-BIC (BIC ist die Abkürzung für Bank Identifier Code) wird auch SWIFT-Code genannt. Es handelt sich um einen international standardisierten Bankcode, mit dem weltweit jedes direkt oder indirekt teilnehmende Kreditinstitut eindeutig identifiziert werden kann. Er findet weltweit Verwendung bei grenzüberschreitenden Zahlungen und beim internationalen Austausch von Nachrichten zwischen Kreditinstituten.

Literaturverzeichnis

Ackermann, Jürg-Beat; (1992); Geldwäscherei – Eine vergleichende Darstellung des Rechts und der Erscheinungsformen in den USA und in der Schweiz; Schulthess Polygraphischer Verlag; Zürich; 1. Auflage

Adams, Lee S. / Martz, David J. / Poindexter, Obera O.; (2001); Developments in cyberbanking; erschienen in: The Business Layer; Chicago; Mai 2001; Vol. 56; Iss. 3; Seite 1179 - 1190

Basse, Tobias; (2003); Internetgeld und wettbewerbliche Geld- und Währungsordnung; Europäischer Verlag der Wissenschaften; Frankfurt am Main; 1. Auflage

Basse-Simonsohn, Detlev Michael; (2002); Geldwäschereibekämpfung und organisiertes Verbrechen; Stämpfli Verlag AG; Bern; 1. Auflage

Bauer, Hans Peter / Peter, Martin; (2002); Global standards for money laundering prevention; erschienen in: Journal of Financial Crime; London; Juli 2002; Vol. 10; Iss. 1; Seite 69 - 72

Bell, R. E.; (2001); Discretion and decision making in money laundering prosecutions; erschienen in: Journal of Money Laundering Control; London; Sommer 2001; Vol. 5; Iss. 1; Seite 42 - 51

Bell, R. E.; (2002); The prosecution of lawyers for money laundering offences; erschienen in: Journal of Money Laundering Control; London; Sommer 2002; Vol. 6; Iss. 1; Seite 17 - 26

Bernasconi, Paolo; (1988); Finanzunterwelt – gegen Wirtschaftskriminalität und organisiertes Verbrechen; Orell Füssli Verlag; Zürich und Wiesbaden; 1. Auflage

Bongard, Kai; (Dezember 2001); Wirtschaftsfaktor Geldwäsche; Deutscher Universitäts-Verlag GmbH; Wiesbaden; 1. Auflage

Bostrom, Robert / Hall, Kenneth; (2002); Financial service development; erschienen in: International Financial Law Review; London; Juli 2002; Seite 203 - 209

Bukovc, Bernhard; (1998); Die Bekämpfung der Geldwäsche in der Europäischen Union; Manz'sche Verlags- und Universitätsbuchhandlung AG; Wien; 1. Auflage

Cassella, Stefan D.; (2003); Reverse Money Laundering; erschienen in: Journal of Money Laundering Control; London; Sommer 2003; Vol. 7; Iss. 1; Seite 92 - 94

El Rahman, Faht / El Sheikh, Abdella; (2003); Money Laundering through underground systems and non-financial instituions; erschienen in: Journal of Money Laundering Control; London; Sommer 2003; Vol. 7; Iss. 1; Seite 9 - 14

Furche, Andreas; Wrightson G.; (1997); Computer Money: Zahlungssysteme im Internet; dpunkt – Verlag für digitale Technologie GmbH; Heidelberg; 1. Auflage 1997

Gilligan, George; (2001); Going underground – the not so new way to bank; erschienen in: Journal of Financial Crime; London; Nov. 2001; Vol. 9; Iss. 2; Seite 105 - 108

Häuser, Karl (1984); Die Off-shore-Märkte: Einführung und Überblick; erschienen in: Off-shore-Kreditmärkte; Fritz Knapp Verlag; Frankfurt am Main; 1984; 1. Auflage

Hafner, Katie / Lyon, Matthew; (2000); Die Geschichte des Internet; dpunkt-Verlag; Heidelberg; 2. korrigierte Auflage

Hafner, Wolfgang; (2002); Im Schatten der Derivate; Eichborn Verlag; Frankfurt am Main; 1. Auflage

Harlandt, Hans; (1989); Die Evolution des Geldes; I. H. Sauer-Verlag GmbH; Heidelberg; 1. Auflage

Hartmann, Monika E.; (2000); Elektronisches Geld und Geldpolitik: eine Analyse der Wechselwirkungen; Betriebswirtschaftlicher Verlag Dr. Th. Gabler GmbH, Wiesbaden und Deutscher Universitäts-Verlag GmbH; Wiesbaden; 1. Auflage

Hetzer, Wolfgang; (2003); Tatort Finanzmarkt; Europäische Verlagsanstalt; Hamburg; 1. Auflage

Hörisch, Jochen; (2004); Eine Geschichte der Medien – Von der Oblate zum Internet; Suhrkamp Taschenbuch Verlag; Frankfurt am Main; 1. Auflage 2004

Holzinger, Lutz; (1994); Weissbuch Schwarzgeld; Promedia Druck- und Verlagsgesellschaft m.b.H; Wien; 1. Auflage

Honegger, Peter / Isler, Peter / Pulver, Urs; (2000); Banking and finance; erschienen in: International Finance Law Review; London; 2000; Seite 7 - 11

Hoyer, Petra / Klos, Joachim; (1998); Regelungen zur Bekämpfung der Geldwäsche und ihre Anwendung in der Praxis; Erich Schmidt Verlag GmbH & Co.; Bielefeld; 2. neubearbeitete und erweiterte Auflage

Hugel, Paul / Kelly, Joseph; (2002); Internet gambling, credit cards and money laundering; erschienen in: Journal of Money Laundering Control; London; Sommer 2002; Vol. 6; Iss. 1, Seite 57 - 65

Jayasuriya, Dayanath; (2002); Money laundering and terrorism financing: The role of capital market regulators; erschienen in: Journal of Financial Crime; London; Juli 2002; Vol. 10; Iss. 1; Seie 30 - 36

Johnson, Jackie; (2002); 11th September, 2001: Will it make a difference to the global anti-money laundering movement; erschienen in: Journal of Money Laundering Control; London; Sommer 2002; Vol. 6; Iss. 1; Seite 9 - 16

Johnson, Jackie / Desmond Lim, Y. C.; (2002); Money Laundering: Has the financial action task force made a difference; erschienen in: Journal of Financial Crime; London; Juli 2002; Vol. 10; Iss. 1; Seite 7 - 22

Johnson, Jackie; (2003); Repairing legitimacy after blacklisting by the Financial Action Task Force; erschienen in: Journal of Money Laundering Control; London; Sommer 2003; Vol. 7; Iss. 1; Seite 38 - 49

Joyce, Brian P.; (2001); E-dilligence: Money laundering risks in the electronic arena, erschienen in: Journal of Money Laundering Control; London; Herbst 2001; Vol. 5; No. 2; Seite 146 - 149

Jurith, Edward H.; (2002); International cooperation in the fight against money laundering; erschienen in: Journal of Financial Crime; London; February 2002; Vol. 9; Iss. 3; Seite 212 - 216

Kleinwächter, Wolfgang; (2004); Macht und Geld im Cyberspace; Heise Zeitschriften Verlag GmbH & Co KG; Hannover; 1. Auflage

Klippl, Irene; (1994); Geldwäscherei; Verlag Orac; Wien; 1. Auflage

König, Johann-Günter; (2003); Finanzkriminalität – Geldwäsche, Insidergeschäfte, Spekulation; Suhrkamp Verlag; Frankfurt am Main; 1. Auflage 2003

Kreuzberger, Thomas; (1997); Internet: Geschichte und Begriffe eines neuen Mediums; Böhlau verlag Ges.m.b.H und Co. KG; Wien – Köln – Weimar; 1. Auflage

Lang Volkar / Schwarz Anne / Kipp Rudolf; (1999); Regelungen zur Bekämpfung der Geldwäsche; Deutscher Sparkassenverlag; Stuttgart; 3. überarbeitete und aktualisierte Ausgabe

Lietaer, Bernard A.; (Juni 2002); Das Geld der Zukunft; Riemann Verlag, Sonderausgabe, 1. Auflage

Lo, Clarie; (2002); FATF initiatives to combat terrorist financing; erschienen in: Organistion of Economic Cooperation and Development; The OECD Observer; Paris; Mai 2002; Iss. 231/232; Seite 39 - 40

McLean, Gene; (2000); The new age of bank security; erschienen in: Canadian Banker; Toronto; 4. Quartal 2000; Vol. 107; Iss. 4; Seite 15 - 19

Mohamed, Sideek; (2002); Legal instruments to combat money laundering in the EU financial market; erschienen in: Journal of Money Laundering Control; London; Sommer 2002; Vol. 6; Iss. 1; Seite 66 - 79

Moulette, Patrick; (2000); Money laundering. Staying ahead of the latest trends; erschienen in: Organisation for Economic Cooperation and Development, The OECD Observer; Paris; April 2000; Iss. 220; Seite 28 - 30

Müller, Christof; (1992); Geldwäscherei: Motive-Formen-Abwehr; Treuhand-Kammer, Schweizerische Kammer der Bücher-, Steuer- und Treuhandexperten; Zürich; 1. Auflage

Munro, Neil; (2001); Internet-based financial services: A new laundry?; erschienen in: Journal of Financial Crime; London; November 2001; Vol. 9; Iss. 2; Seite 134 – 152

Nardo, Massimo; (2003); E-trade and Money Laundering: Countering Schemes and Patterns; erschienen in: Journal of Money Laundering Control; London; Herbst 2003; Vol. 7; Iss. 2; Seite 186 - 189

Nawaz, Shahid / McKinnon, Roddy / Webb, Robert; (2002); Informal and formal money transfer networks; erschienen in: Journal of Money Laundering Control; London; Frühling 2002; Vol. 5; Iss. 4; Seite 330 - 337

North, Michael; (1994); Das Geld und seine Geschichte; Verlag C. H. Beck; München; 1. Auflage

Nussbaumer, Siegfried; (2004); Die Umsetzung der Geldwäscherichtlinie in Österreich; Trauner Verlag, Linz, 1. Auflage

Oberg, Conrad; (2003); A Balancing Act: Offshore Financial Centre Strategy and the Global Anti-Money Laundering Movement; erschienen in: Journal of Money Laundering Control; London; Herbst 2003; Vol. 7; Iss. 2; Seite 153 - 157

Oppermann, Christine; (Juli 2004); Schwarzbuch Banken; Th. Knaur Nachf. GmbH & Co KG; aktualisierte Taschenbuchausgabe, München

Ortner, Johannes; (1992); Das österreichische Bankgeheimnis und die Geldwäscherei; Österreichischer Volksbankenverlag; Wien; 1. Auflage

Palan, Ronan; (2003); The Offshore World; Cornell University Press; 1. Auflage

Philippsohn, Steven; (2001); The dangers of new technology-laundering on the Internet; erschienen in: Journal of Money Laundering Control; London; Sommer 2001; Vol. 5; Iss. 1; Seite 87 - 95

Pick, Albert; (1959); Das Buch vom Geld; Urbes Verlag; Hamburg; 1. Auflage

Pick, Albert / Richter, Rudolf; (1986); Papiergeld-Spezialkatalog Österreich 1759-1986; Sedlmayr KG, Dornbirn; 2. Auflage

Pieth, Mark / Aiolfi, Gemma; (2003); The private sector gets active: The Wolfsberg process; erschienen in: Journal of Financial Crime; London; April 2003; Vol. 10; Iss. 4; Seite 359 - 365

Poser, Arwed Max von; (1998); Europäische Währungsunion: der Weg zum Euro-Kapitalmarkt; Deutscher Sparkassen Verlag; Stuttgart; 3. vollständig überarbeitete Auflage

Pratt, Richard; (2002); Global financial business and the implications for effective control of money laundering in offshore centres; erschienen in: Journal of Financial Crime; London; Oktober 2002; Vol. 10; Iss. 2; Seite 130 - 132

Probszt, Günther; (1994); Österreichische Münz- und Geldgeschichte; Böhlau Verlag Wien Köln Weimar; Teil 1.; 3. Auflage 1994;

Raiborn, Cedily / Schorg, Chandra / Bubrig, Christie; (2003); Guarding against e-laundering of dirty money; erschienen in: Commercial Lending Review; New York; Jänner 2003; Vol. 18; Iss. 1; Seite 36 - 39

Remmers, Burkhard; (1998); Die Entwicklung der Gesetzgebung zur Geldwäsche; Europäischer Verlag der Wissenschaften; Frankfurt am Main; 1. Auflage

Rider, Barry A. K.; (2003); Financial regulation and supervision after 11th September, 2001; erschienen in: Journal of Financial Crime; London; April 2003; Vol. 10; Iss. 4; Seite 336 - 358

Röhm, Uli; (1996); Schwarzgeld im Visier: wie Schwarzgeld gemacht wird, und wo die Steuerfahndung sucht; Wirtschaftsverlag Ueberreuter; 1996

Schmitt Susanne / Seidel Angela; (2000); Unseriösen Geschäften auf der Spur; bank-verlag köln; Köln; 1. Auflage

Schuster Rolf / Färber Johannes / Eberl Markus; (1997); Digital Cash: Zahlungssysteme im Internet; Springer-Verlag Berlin; Heidelberg; 1. Auflage

Sedillot, Rene; (1992); Muscheln, Münzen und Papier; Campus Verlag Frankfurt / New York; 1. Auflage

Sele, Cyrill; (1995); Standortkonkurrenz zwischen Finanzplätzen unter besonderer Berücksichtigung des Offshore-Geschäfts; Verlag Paul Haupt Berne; Bern – Stuttgart – Wien; 1. Auflage

Siska, Josef; (1999); Die Geldwäsche und ihre Bekämpfung in Österreich, Deutschland und der Schweiz; Linde Verlag Wien Ges.mbH; Wien; 1. Auflage

Stephenson, Richard G. / Poindexter, Obrea O. / Martz, David J.; (2003); Developments in cyberbanking; erschienen in: The Business Lawyer; Chicago; Mai 2003; Vol. 58; Iss. 3; Seite 1215

Stöber, Rudolf; (2003); Mediengeschichte – Die Evolution „neuer" Medien von Gutenberg bis Gates. Eine Einführung; Band 2: Film – Rundfunk – Multimedia; Westdeutscher Verlag; Wiesbaden; 1. Auflage 2003

Suendorf, Ulrike; (2001); Geldwäsche – eine kriminologische Untersuchung; Neuwied; Kriftel: Luchterhand; 1. Auflage

Tan, Siong Thye; (2002); Money laundering and E-commerce; erschienen in: Journal of Financial Crime, London, Februar 2002, Vol.9; Iss. 3; Seite 277 - 285

Trehan, Jyoti; (2002); Underground and parallel banking systems; Journal of Financial Crime; London; Juli 2002; Vol. 10; Iss. 1; Seite 76 – 84

Viogaert, Johan; (2001); Fighting economic crime – action taken in the European Union; erschienen in: Journal of Financial Crime; London; September 2001; Vol. 9; Iss. 1; Seite 22 - 25

Voss, Rüdiger; (2000); Die Wettbewerbsfähigkeit europäischer Offshore-Finanzzentren; Buncker & Humblot GmbH; Berlin; 1. Auflage

Walker, Karl; (1999); Das Geld in der Geschichte; Conzett Verlag, Zürich; 1. Auflage

Weber, Rolf H.; (1999); Elektronisches Geld: Erscheinungsformen und rechtlicher Problemaufriss; Schulthess Polygraphischer Verlag AG; Zürich; 1. Auflage

Werner, Stefan; (2002); Geldverkehr im Internet; Verlag Recht und Wirtschaft GmbH, Heidelberg; 1. Auflage

Werner, Thomas Achim; (1996); Wachstumsbranche Geldwäsche; die Ökonomisierung der organisierten Kriminalität; Rainer Bohn Verlag; Berlin; 1. Auflage

Wöss, Alexander; (1994); Geldwäscherei und Banken: Methoden und Formen, Europarecht, Anpassungsbedarf für Österreichs Banken; Bank-Verl.; Wien: Orac; 1. Auflage 1994

Woywandt, Michael; (1995); Geldwäschebekämpfung Neue Waffe gegen die organisierte Kriminalität?; Universitätsverlag Dr. N. Brockmeyer; Bochum; 1. Auflage

Yela, William / Beaumier, Carol M.; (2002); Money-laundering risks of electronic distribution Channels; erschienen in: Bank Accounting & Finance; Boston; April 2002; Vol. 15; Iss. 3; Seite 45 - 48

Zehnder, Matthias W.; (1998); Surfen im Internet Geschichte und Geschichten des Internets; SmartBooks Publishing AG; Kilchberg; 1. Auflage

Bericht über Geldwäsche-Typologien und Typologien der Finanzierung des Terrorismus 2003-2004 (Übersetzung – mit Genehmigung des FATF Secretariats – aus dem Englischen durch das deutsche Bundessprachenamt im Auftrag für das Bundeskriminalamt in Wiesbaden); 1. März 2004

Report on Money Laundering Typologies 2002-2003 (Übersetzung – mit Genehmigung des FATF Secretariats – aus dem Englischen durch das deutsche Bundessprachenamt im Auftrag für das Bundeskriminalamt in Wiesbaden; 14. Februar 2003

Mitteilung der Kommission an den Rat und das Europäische Parlament über Prävention und Bekämpfung der organisierten Kriminalität im Finanzbereich; Brüssel; 16.04.2004

Jahresbericht des Verbands österreichischer Banken und Bankiers; 2001

Bank für internationalen Zahlungsausgleich; Basler Ausschuss für Bankenaufsicht; Sorgfaltspflicht der Banken bei der Feststellung der Kundenidentität; Oktober 2001

Homepage des Bundesverband deutscher Banken e.V.; <http://www.schulbank.de>; Zugriff: 09.10.2004

Homepage der Universität Leipzig; <http://www.uni-leipzig.de>; Zugriff: 09.10.2004

Homepage des Gymnasium Laurentianum Warendorf; http://www.laurentianium.de ; Zugriff: 09.10.2004

Homepage des Kunsthistorischen Museum Wien; <http://www.khm.at>; Zugriff: 09.10.2004

Homepage des Münzversandhauses Reppa GmbH; http://www.reppa.de; Zugriff: 09.10.2004

Homepage des Stadtarchivs Münster; <http://www.muenster.de>; Zugriff: 09.10.2004

Homepage der Financial Action Task Force on Money Laundering; <http://www1.oecd.org/fatf>; Zugriff: 09.10.2004